IEU RHOS
– y geiriwr garw â'r galon feddal

Ieu Rhos
– y geiriwr garw â'r galon feddal

Golygydd:
Arthur Thomas

Argraffiad cyntaf: Gorffennaf 2017

(h) Yr awduron / Gwasg Carreg Gwalch

Cyhoeddwyr: Gwasg Carreg Gwalch

Rhif rhyngwladol: 978-1-84527-633-1

Mae'r cyhoeddwyr yn cydnabod cefnogaeth ariannol
Cyngor Llyfrau Cymru

Bydd breindal y gyfrol hon yn cael ei rannu rhwng
Cymdeithas yr Iaith Gymraeg a phapur bro Nene

Cynllun clawr: Eleri Owen

Cyhoeddwyd ac argraffwyd gan Wasg Carreg Gwalch,
12 Iard yr Orsaf, Llanrwst, Conwy, LL26 0EH.
Ffôn: 01492 642031
lle ar y we: www.carreg-gwalch.cymru

Cyflwynedig i
Ann, Les, Carey a Sam

Cynnwys

Cyflwyniad

ARTHUR THOMAS

Aeth bron i hanner can mlynedd heibio ers i mi ei weld am y tro cyntaf. Yn nhafarn y Rhyddings yn Abertawe oedd hynny, cyrchfan y myfyrwyr Cymraeg ar y pryd. Cofiaf ei gyfarchiad cyntaf – 'Pwy ffwc wyt ti?' A dyna gychwyn yn yr un gwynt ag y parhaodd am y blynyddoedd i ddod. Cofiwch, nid oedd Ieu at ddant pawb. Yr oedd ganddo'r ddawn ryfeddol o ganfod pwy fyddai ei wir ffrindiau, a hynny drwy wneud datganiadau ymosodol yn llawn rhegfeydd. Os byddech yn gallu derbyn hyn, yna fe ddeuai ei wir gymeriad a'r galon fawr, feddal i'r golwg. Nid oedd rhagrith a gweniaith yn rhan ohono. Gyda garwder ei iaith a'i ymosodiadau geiriol gallai wahanu'r grawn oddi wrth y manus, hynny yw, os gallech ddioddef hyn am gyfnod, yna byddech yn cael eich derbyn fel ffrind, a hynny am oes.

Yn genedlaetholwr ac yn ymgyrchwr iaith, coleddai egwyddorion sosialaidd ei fro enedigol ym mhentre glofaol Rhos ac ni wnaeth anghofio ei ffrindiau go iawn. Yn fuan iawn, bwriodd i mewn i frwydr yr Iaith ac o ganlyniad i gael ei ddal yn ystod yr ymgyrch arwyddion ffyrdd a gwrthod talu'r ddirwy a osodwyd arno, fe'i carcharwyd. Digwyddodd hynny ar union adeg ei arholiadau gradd a bu'n rhaid i'r diweddar John Davies (John Bwlchllan), oedd yn ddarlithydd hanes Cymru yn Abertawe ar y pryd, fynd yn ddyddiol i'r carchar i oruchwylio'r arholiadau. Fe ddywedai Ieu na fyddai wedi llwyddo i gael gradd oni bai ei fod yn y carchar ond doedd neb ohonom a oedd yn ei adnabod yn dda yn credu hynny. Na, i'r gwrthwyneb. Byddai un mor alluog â Ieu wedi llwyddo i ennill gradd uwch o dan amodau arferol.

Ar ôl gorffen yn y coleg, aeth i Aberystwyth fel ysgrifennydd Cymdeithas yr Iaith ar y cyd gydag Arfon Gwilym. Byddwn yn dal i wneud llawer ag ef yn ystod y cyfnod hwn a minnau, erbyn hynny, yn athro yn Wrecsam. Byddwn yn ymweld â'i gartref yn Rhos ac yn mwynhau awyrgylch y cartref, gyda'i dad o'r un anian â Ieu, a'r ddau wrthi'n dadlau yn nhafodiaith hyfryd y Rhos, gan smocio fel stemars nes y byddai'n anodd gweld mam Ieu yn y cefndir. Gyda llaw, un o ardal Caernarfon oedd Mrs Roberts a chofiaf am byth iddi fod y cyntaf i ddod i ymweld ag Elen, y ferch, wedi i honno gael ei geni yn Ysbyty Maelor, Wrecsam. Daeth Elen a Ieu yn gyfeillion ac edrychai hithau ymlaen at weld 'Yncl Ieir' fel y galwai hi ef. Ni fyddai Ieu yn cofio dyddiadau pen-blwydd, ond gwyddai fod Elen yn hoff o hel eliffantod – nid rhai byw, wrth gwrs, ond rhai pot neu blastig. Un diwrnod, dyma Ieu yn cyrraedd y tŷ acw gyda bocs cardbord mawr yn llawn o eliffantod – yr oedd wedi bod yn eu casglu mewn seli cist ceir dros gyfnod o fisoedd a heb sôn gair! Pan ddechreuodd Elen chwarae'r delyn, daeth anrheg arall ganddo, sef ffrâm fetel dal crynoddisgiau a honno ar ffurf telyn. Pan ddywedwn wrtho am beidio mynd i gymaint o drafferth, yr ateb fyddai 'cau dy geg – dydi o ddim i'w wneud â chdi'. Ond, dyna fo Ieu i'r dim, y geiriwr

Ieu gydag Elen Hydref ar ben Moel y Gest, Porthmadog

garw â'r galon feddal. Yn dilyn yr angladd, rhoddodd Ann, ei chwaer, eliffant imi yr oedd Ieu wedi ei gael yn rhywle er mwyn ei roi i Elen. Pan welodd hithau'r eliffant hwnnw, yr oedd dan deimlad wrth gofio pwy oedd wedi ei gadw iddi. Yn ei berthynas ag Elen y gwelais fod Ieu wrth ei fodd efo plant – a hynny mae'n debyg am eu bod yn ymateb iddo yn hollol onest ac felly yn ei dderbyn am yr hyn oedd. Dwi'n credu mai dyna pam yr oedd yn gymaint o ffrindiau gyda nifer ohonom ninnau o'r un genhedlaeth ag ef – yr oeddem yn ei dderbyn am yr hyn oedd.

Yn ôl i'r Rhos y daeth Ieu a chael gwaith ar y bysys lleol – cwmni Crosli fel y galwai ef gwmni Crosville – yn gyntaf fel condyctor ac yn ddiweddarach fel gyrrwr. Pan oeddwn yn Ysbyty Gobowen am gyfnod hir, byddai Ieu yn gweithio ar y gwasanaeth o Wrecsam i Gobowen neu Groesoswallt a chan fod y bws yn aros yn Gobowen am ryw hanner awr, fe alwai i'm gweld bob prynhawn. Ond nid fel pawb arall, chwaith. Byddai'n dod i mewn ac eistedd ar fy ngwely gan ddweud bob tro: 'Diddora fi!'

Yn ddiweddarach, ac yntau'n gyrru bysys gyda gwahanol gwmnïau byddai'n anelu amdanoch ac yn fflachio goleuadau os byddai wedi adnabod y car.

Yn Rhos, bwriodd ati'n lleol i gefnogi'r Gymraeg, yn un o'r criw a sefydlodd bapur bro *Nene* ac yn creu ymwybyddiaeth o hanes lleol. Gan fod Rhos yn bentref glofaol, coleddai Ieu werthoedd sosialaidd cryf iawn, a hynny'n cyfuno gyda'r cenedlaetholwr a'r ymgyrchydd iaith. Ond nid gydag un arall o draddodiadau'r Rhos – crefydd: yr oedd sôn am y pwnc fel clwtyn coch i darw! Byddwn yn tynnu ei goes yn aml ei fod yn wahanol i bobl y Rhos mewn tair ffordd – yr oedd yn genedlaetholwr, yn anffyddiwr pybyr ac, mewn pentref a ymfalchïai yn ei thraddodiad cerddorol, yn methu canu nodyn! Gallwch ddychmygu'r adwaith! Cofiaf un tro iddo hel rhyw dri neu bedwar, na allent, fel fo, ganu mewn tiwn. Aeth ati i 'arwain' y parti a wnâi stumiau ceg ond heb gynhyrchu sŵn. Oedd, mi oedd Ieu yn barod ar adegau i chwerthin ar ei ben ei hun.

Bu hefyd yn weithgar gyda chanolfan Glan yr Afon (Bersham) fel canolfan dreftadaeth i'r diwydiant glo yn yr ardal. Byddwn yn aml iawn yn tynnu arno drwy holi rhywbeth fel:

'Sut mae'n mynd yn Bersham!' a'i ateb bob tro fyddai bloeddio 'GLAN YR AFON!' yn fy ngwyneb, neu os byddai'r amynedd yn llai fyth, rhywbeth fel:

'Glan yr Afon ydi enw'r lle nid ffycin Bersham!'

Un o'i gas bethau oedd rhagrith, ac fe welai hynny'n amlygu ei hun yn y dosbarth canol Cymraeg, yn enwedig ymysg athrawon. Fel athro fy hunan, byddwn yn dod o dan ei lach yn aml ond am fy mod yn derbyn a hyd yn oed yn chwerthin am y peth, cawn faddeuant (o ryw fath). Daliodd ein cyfeillgarwch yn gadarn ac fe fyddwn yn cael ei gwmni mewn steddfod a phrotest. Byddem yn sgwrsio ar y ffôn yn aml, a'r sgyrsiau hynny'n parhau am awr neu fwy o hyd, gyda Ieu yn traethu'n llawn afiaith a minnau'n porthi ac ychwanegu ambell bwt pan gawn gyfle i roi fy mhig i mewn. Gyda llaw, roedd y neges ar beiriant ateb ei ffôn yn dweud y cwbl amdano. Yn Gymraeg, fod Ieu Rhos ddim ar gael, ond yn Saesneg wedyn, fod Ieuan Roberts ddim ar gael. Dim ond un Ieu Rhos oedd.

Wedi'r cyfarfod a gynhaliwyd yn y Frongoch ger y Bala ym mis Mehefin, cyfarfod i gofio canmlwyddiant carcharu gwrthryfelwyr Gwyddelig 1916 yn y pentref hwnnw, dywedais wrtho wrth gerdded tuag at y ceir yn y maes parcio fod Elen yn priodi ymhen blwyddyn ac y byddai'n cael gwadd i'r briodas. Gyda balchder yn ei wyneb, yr hyn a ddywedodd oedd:

'Ydi hynna'n golygu fod yn rhaid i mi wisgo tei?'

A dyna'r cwbl!

Yn yr eisteddfod yn y Fenni yr oedd Ieu Rhos yn ei hwyliau arferol. Ychydig a wyddem, y rhai a gafodd ei gwmni, mai dyna'r tro olaf y byddem yn ei weld. Daliai i smocio fel stemar, ac fe sylwais yn y Fenni fod sŵn gwahanol yn ei beswch, rhyw wich ychwanegol. Dywedais wrtho am fynd i weld y meddyg ond cefais ateb yn llawn rhegfeydd. Credaf y gwyddai fod rhywbeth o'i le ond nad oedd am weld meddyg am ei fod yn ofni'r canlyniad. Doeddwn i fawr o feddwl wrth ffarwelio ag ef mai dyna'r tro olaf y byddwn yn ei weld. Ychydig dros wythnos wedyn, fe ddaeth hi'n sioc ofnadwy cael galwad yn dweud y cafwyd Ieu yn farw yn ei gadair a daeth diwedd ar un o'r cymeriadau mwyaf a'r mwyaf didwyll y cefais y fraint o'i adnabod. Fydd y steddfod ddim yr un fath i mi eto.

Cwsg yn dawel yr hen fêt.

* * *

Dyna'n fras, gyda rhai newidiadau ac ychwanegiadau, gyfuniad o gynnwys y ddwy deyrnged a yrrais i *Golwg* ac i'r *Cymro* yn dilyn y newyddion trist am ei farwolaeth. Wedi'r angladd yn amlosgfa Pentrebychan, trefnwyd noson goffa iddo yn nhafarn y Saith Seren yn Wrecsam, tafarn Gymraeg y bu Ieu mor frwd dros ei sefydlu. Daeth criw teilwng o ffrindiau a theulu at ei gilydd i gofio amdano. Yn dilyn y cyfarfod hwnnw y cododd y syniad o gyhoeddi cyfrol goffa i Ieu Rhos, oherwydd, mae'n siŵr gen i, na welir ei debyg eto. Cytunodd Myrddin ap Dafydd yn syth â'r syniad gan fod Ieu nid yn unig yn gymeriad unigryw ond yn un a fu'n llygad dyst i gyfnod pwysig yn hanes Cymru a'r iaith Gymraeg.

Wedi cael cadarnhad o du Gwasg Carreg Gwalch aed ati i gysylltu â nifer o gyfeillion Ieu, cyfeillion coleg, ymgyrchwyr Iaith, yn ogystal â chyfeillion o'i ardal enedigol, i gyflwyno'u hatgofion am Ieu. Ddaru neb wrthod y cais ac o fewn dim, bron, daeth y cyfraniad cyntaf i law gan neb llai na Myrddin ei hun. A gaf fi yma ddiolch yn hollol ddidwyll i bob un sydd wedi cyfrannu at y gyfrol hon ac a fu'n allweddol i greu cofnod deilwng o un o'r cymeriadau mwyaf y daeth pob un ohonom i gysylltiad ag ef.

Mae enw pob un a gyfrannodd at y gyfrol wrth eu cyfraniadau. Diolch o galon i Ann, chwaer Ieu am gael defnyddio'r holl wybodaeth yn y ffeil a gasglodd am ei brawd, i Gwilym Tudur am gael defnyddio gwaith Ieu o'r gyfrol *Wyt Ti'n Cofio*, i 'Cof a Cyfryngau yng Nghymru' am gael defnyddio'r cyfweliad a wnaed efo Ieu yn 2011, ac i Myrddin a Gwasg Carreg Gwalch am ddod a'r gyfrol i olau dydd.

Diolch o galon i chi i gyd,

Arthur Thomas

Dyma sut y cyhoeddwyd y manylion yng ngholofn marwolaethau y *Daily Post*:

ROBERTS – IEUAN WYNN,
Awst 15fed 2016.
1950 – 2016.
Ieu Rhos.
Yn frawychus o sydyn yn ei gartref
Stryt y Neuadd, Rhos.
Mab annwyl y diweddar Mair a Tom.
Brawd i Ann Wynn
a brawd yng nghyfraith i Les.
Ffrind annwyl i Carey a Sam.
Gwasanaeth ar Ddydd Llun 12 Medi
am 3.30 o'r gloch yn Amlosgfa Pentrebychan.
Blodau'r teulu yn unig.
Rhoddion Er Cof am Ieuan
i Gymdeithas yr Iaith a Clwb Rygbi Rhos.

Y llun olaf ohono a dynnwyd yn Eisteddfod y Fenni
ychydig dros wythnos cyn ei farwolaeth

Atgofion chwaer

ANNE BOWKER

(Ychydig o atgofion am ei brawd gan Ann, ei chwaer, a ddarllenwyd gan Ffred yn yr angladd)

Brawd bach i mi oedd Ieuan a dyma sut yr wyf yn cofio amdano:

Pan oeddwn yn bedair oed, dyma fi yn mynd efo dad ac Ann Lloyd i'r ysbyty i nôl Ieuan a mam, a'r peth cyntaf oeddwn eisiau oedd gweld – oedd ganddo fo draed mawr. Does gen i ddim syniad pam y meddyliais am hynny, chwaith.

Pan oedd yn medru cerdded, mi aeth i Ysgol y Babanod ac fe fyddai'n cael llyfrau o'r dosbarth uwch i'w ddarllen.

Symud i Ysgol y Bechgyn efo Mr Lewis Morris a Jonathan Davies. Roedd gan Ieuan feddwl mawr o Jonathan.

Y cam nesaf oedd mynd i Ysgol Ramadeg Rhiwabon a gwneud ffrindiau newydd – Derek, a'r diweddar Ken Goodman – roeddynt fel brodyr.

Mynd i'r brifysgol yn Abertawe a dechrau gweithio a mwynhau ei amser yno.

Ymuno â Chymdeithas yr Iaith a dipyn o helynt wedyn

ond mi ddaru o gael ei radd.
Roedd mam a dad a minnau
yn cefnogi yr hyn roedd yn
ei wneud.

Mynd i Aberystwyth i
weithio i Gymdeithas yr
Iaith.

Dod yn ôl i Rhos a byw
efo mam a dad.

Gweithio efo *Nene*, Pwll
Glo Bersham, y Blaid a'r
Clwb Rygbi.

Cyfarfod â Carey a Sam
(ei mab) ac mi oedd Ieuan
yn browd iawn o Sam.
Roedd y ddau o'r un
meddwl ac yn mwynhau
cwmni ei gilydd.

Mi fyddaf yn meddwl am
Ieuan wedi ffeindio llyfrgell
newydd, a mam a dad efo fo.

Y teulu yn y Rhyl
ar ddechrau'r 50au

Yr oedd yn rhaid i mi drio cael popeth yn iawn heddiw.
Drwy ei oes yr oeddwn wedi trio, IE TRIO, gofyn iddo os
oedd wedi gwneud hwn a'r llall, stopio smocio, colli pwysau
a thorri ei wallt. Dyna beth mae chwaer fawr i fod i'w
wneud!

Ieu yn bump oed – roedd o'n amheus o gamera hyd yn oed yr adeg hynny!

Ieu yn hogyn

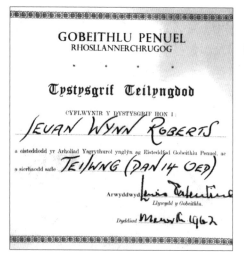

Tystysgrif o'r cyfnod cynnar pan oedd yn mynychu capel. Ddaru dylanwad anghydffurfiaeth crefyddol ddim parhau am gyfnod hir iawn. Sylwch ar enw'r sawl a arwyddodd y dystysgrif!

Craig

MYRDDIN AP DAFYDD

Mae'n bochio'n noeth i'r wyneb mewn sawl man
a garw ydi'i chraith yng ngolau dydd;
garwach na hynny oedd ar rai o dan
ei chysgod, a ddilynai'i haenau cudd
drwy wyll a llwch, drwy nwy a thân i'w thorri'n
fara menyn. Mewn cilfachau felly, noeth
yw geiriau hefyd: pan fydd pyst yn hollti
does dim amser i gwrteisi doeth.
Fel yn rheng ôl Bethesda neu reng flaen
Ffestiniog, hir yw'r cof ac mi gawn
yr un cyfarthiad blin a'r siarad plaen
am fod pob job yn werth ei gwneud yn iawn.
Ond deil y graig ei gwres: nid oes dileu'r
cynhesrwydd caled sydd yn esgyrn Ieu.

Ymgyrchydd a chyfaill

FFRED FFRANSIS

Dwi'n cofio llawer o aelodau'r Gymdeithas o'r 60au ymlaen o'r enw Ieuan, ac mae miloedd o bobl yn byw yn Rhos – yn cynnwys nifer o genedlaetholwyr. Ond un Ieu Rhos sydd. Does 'na neb sy'n cyfarfod efo fo yn ei anghofio. Nid y peth mwyaf am Ieu yw iddo wneud pethe hynod, ond y ffaith ei fod yn gweld y pethe hyn yn gwbl naturiol. Wrth gwrs ei fod o am gefnogi achos Cymru a'i gymuned leol; fe'i gwelodd yn gwbl naturiol.

Pan wnes i gyfarfod efo fo yng ngharchar Abertawe yn 1972, mi wnaeth o ddigwydd dweud fod ei arholiadau gradd o fewn cwpwl o wythnosau cyn diwedd ei ddedfryd, ac felly byddai angen iddo gymryd yr arholiadau yn y carchar. Doedd o ddim yn holi nac yn poeni am hynny, nac yn meddwl am ergyd i'w obeithion am yrfa; na, roedd yn ei weld yn gwbl naturiol i roi blaenoriaeth i wneud safiad dros y Gymraeg o flaen 'dod ymlaen yn y byd'. Doedd o ddim yn poeni am y peth o gwbl; os cofiaf yn iawn, roedd yn poeni'n fwy am ble allai o gael gafael ar smôc yn y carchar!

Wedi ennill gradd ar ôl eistedd yr arholiadau yn y carchar (yr unig Gymro erioed i wneud hynny), gwelodd

YR IAU AR EIN
ALLWN NI DDIANC RHAG

Enw.. *IEUAN WYNN (Roberts)*

Cyfeiriad.. *29 STRYD Y NEUADD*

.. *RHOSLLANERCHRUGOG*

.. *WRECSAM, SIR DDINBYCH*

Ffôn........

Derbyn y Tafod?....

* Gweithredwch yn eich grŵp lleol i
  Gymreigio'ch ardal

* Ymunwch mewn ymgyrchoedd cenedl-
  aethol i danseilio dylanwadau estronol

* Byw eich bywyd trwy'r Gymraeg a
  thros y Gymraeg

* Mae pob diwygiad yn dechrau yn y galon
  unigol

Llofnod Swyddog.

Cerdyn Aelodaeth Cymdeithas yr Iaith

mai peth cwbl naturiol i'w wneud oedd dychwelyd a
gweithio yn ei gymuned ei hunan yn Rhos yn lle chwilio am
ryw swydd fyddai'n fwy manteisiol iddo fo ei hun. Gwelodd
ei bod yn bwysicach bod mewn sefyllfa i gyfrannu at
ddiwylliant y fro, arwain prosiectau hanes, brwydro dros y
Gymraeg yn y fro ac ati. Gwelodd hyn yn gam cwbl naturiol.
Roedd yr agwedd gwbl bendant hon yn gwneud i bobl o'i
gwmpas gwestiynu eu blaenoriaethau eu hunain a'u
cyfraniad at Gymru ac at eu cymunedau eu hunain. Ac
roedd yr unplygrwydd a'r didwylledd hwn yn rhedeg trwy
holl gymeriad a phersonoliaeth Ieu, nid yn ei wleidyddiaeth
yn unig. Mae pawb sy'n ei nabod yn gwybod gystal roedd
o'n 'trin y byd' neu hyd yn oed yn ymlacio trwy falu awyr
dros beint, ond roedd yn gwybod pryd yr oedd yn amser i

hyn a phryd yr oedd yn amser i fod yn ddifrifol. Eto fe welai mai cam cwbl naturiol oedd dweud y drefn wrth gyfaill os oedd yn methu.

Pan fyddai Ieu yn edrych i fyw eich llygaid ac yn dweud rhywbeth go bendant wrthych, byddai pob esgus yn diflannu a byddech chi'n cymryd sylw o'i neges a gweithredu arni. Dwi'n cofio cael y profiad hwnnw mewn cyfarfod efo Ieu rai blynyddoedd yn ôl. Roedd ffrind i'r ddau ohonom yn mynd trwy amser caled, a Ieu yn gofyn i mi, 'Pryd fuost ti'n galw heibio iddo ddiwetha i gadw cwmni iddo?' Atebais i'n euog fod siŵr o fod 'rhai wythnosau wedi mynd heibio'. Edrychodd dros ei sbectol i fyw fy llygaid a dweud yn reit bendant, 'Wythnosau? Fisoedd lawer yn fwy tebyg. Cer yno fory i chwilio amdano fel rwyt ti'n gwybod y dylet ti wneud!' Roedd ei eiriau fel cyllell yn torri trwy bentwr o esgusion a siarad gwag. Roedd angen yr her yna arna'i ac fe es i y diwrnod wedyn i chwilio am ein cyfaill.

Mae'r gair 'genuine' wedi cael ei dderbyn ar lafar i'r Gymraeg a weithie bydda' i'n meddwl fod hynny wedi digwydd er mwyn cael gair addas i ddisgrifio Ieu – boi 'genuine'. Fydd yr atgofion, a'r gwersi, byth yn pylu.

Cyfaill coleg

GERAINT ROBERTS

Y tro diwethaf i mi weld Ieu Rhos oedd ar fore Sadwrn olaf Eisteddfod y Fenni yn Awst 2016. Roeddwn yn eistedd yn yr haul wrth fwrdd yn ardal y theatrau ar faes yr eisteddfod. Synnais o'i weld mor fore ar ddiwrnod olaf yr Ŵyl. Roedd yr achlysur yn un hynod am sawl rheswm. Yn y lle cyntaf roeddwn i'n segur ac yn lladd amser wrth aros i Leisa, fy wyres fach, ddod allan gyda'i rhieni o Sioe Sali Mali. Roeddwn wrthi'n magu paned o de pan ymddangosodd Ieu, a chynigiais baned iddo, paned o goffi du cryf! Buom yn sgwrsio am tuag awr, jyst y ddau ohonom. Roedd hynny i Ieu a fi yn brofiad anghyffredin.

Roeddwn wedi'i weld ar ddau achlysur arall yn ystod yr wythnos yn y Fenni, y cyfarfodydd arferol hynny ar faes yr eisteddfod, lawr yn ardal y bariau cwrw fel arfer, tuag at ddiwedd y dydd. Fe fyddwn i yn sgwrsio gyda chwpwl o ffrindiau a byddai Ieu yn taro heibio. Ar ei ben ei hun y byddai fel arfer ac wrth agosáu byddai'n ynganu un o'i gyfarchion anghynnes swta arferol, cael ymateb tebyg gen i wedyn cyn dechrau ar ein sgwrs flynyddol. Byddai'r sgwrs yn para ryw ddeng munud, digon o amser iddo yfed tua

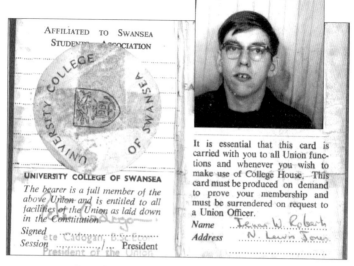

Cerdyn Aelodaeth Undeb Myfyrwyr Coleg Abertawe

hanner peint a gosod ei wydr i lawr ar y ford tra'n rowlio dwy sigarét o'i gwdyn baco a'u smocio o flaen y cwmni.

Dim ond ar faes yr Eisteddfod yn Awst y byddwn yn gweld Ieu. Roedd hyn yn ddigwyddiad blynyddol ers i mi adael y Brifysgol a'r fflat yn Abertawe a phriodi Rhiannon yn 1974. Roeddwn yn y Brifysgol tua'r un pryd â Ieu, o 1968 hyd 1972. Sa'i'n siŵr o ddyddiadau Ieu yn Abertawe ond rhywfodd neu'i gilydd nid yr astudiaethau oedd yn ein tynnu at ein gilydd! Byddwn yn gweld Ieu yn y Gym Gym (y Gymdeithas Gymraeg), mewn digwyddiadau Cymdeithas yr Iaith, bar y Coleg, y Rhyddings, Uplands a llu o dafarnau eraill yn ardal Uplands, Bryn-y-môr a Sgeti. Wrth fy nghyfenw y byddai yn fy nghyfarch, ac roeddwn wastad yn teimlo gan ein bod yn rhannu'r un cyfenw, bod hyn yn ffactor a oedd yn ein tynnu at ein gilydd ar y cychwyn.

Fe ddes i'w adnabod yn well wedyn yn ystod ei gyfnod fel Ysgrifennydd Cymdeithas yr Iaith. Roeddwn yn edmygydd mawr o Ieu fel ymgyrchydd dros yr iaith ar ddechrau'r saithdegau tra yn Abertawe ac wedyn. Fe ymgyrchodd yn ddiflino dros yr iaith yr adeg honno ac wrth gwrs fe ddaeth y llysoedd a'r carchar yn Abertawe yn gyrchfan reolaidd ar gyfer protestiadau Cymdeithas yr Iaith. Roedd Ieu yn ei chanol hi bryd hynny. Daeth yn rhan o chwedloniaeth y cyfnod wrth iddo sefyll ei arholiadau gradd yn y carchar yn Abertawe a llwyddo i gael gradd mewn hanes. Rwy'n cofio'r bore pryd gafodd e ei ryddhau o'r carchar yn dda iawn; cafodd groeso arbennig gan ei ffrindiau y bore hwnnw.

Treuliodd gyfnod yn Aberystwyth yn gweithio fel Ysgrifennydd Cymdeithas yr Iaith, a gan fod fy nghartref yn y dref, roedd yn gyfle pellach i alw heibio yn y swyddfa ac i wneud pwt o waith i'w gefnogi trwy ysgrifennu amlenni a phlygu taflenni. Roedd ffordd unigryw gan Ieu o'ch perswadio i wneud rhywbeth. Roedd Ieu yr Ysgrifennydd yn berson cwbl wahanol i Ieu'r myfyriwr; roedd yn drefnus, yn gydwybodol, yn cadw amser, yn ddiwyd ac yn gweithio oriau hir fel ysgrifennydd. Fe gyfrannodd yn sylweddol at effeithiolrwydd Cymdeithas yr Iaith yn y cyfnod hwn.

Dyma'r cyfnod, er yn gyfnod byr iawn, y des i adnabod Ieu orau, a hwyrach un o'r rhesymau y byddai'n dod draw i'm cyfarch yn flynyddol yn y brifwyl. Wrth edrych yn ôl wrth lunio'r nodiadau hyn, mae'n anodd credu bod dros tair blynedd a deugain wedi mynd heibio a'r cysylltiadau rhyngom wedi bod ychydig yn arwynebol ond yn ddigon diffuant. Roedd Ieu wedi esgeuluso ei hun mewn sawl ffordd dros y blynyddoedd, ond cefais sioc enfawr o weld y llun ohono a darllen am ei farwolaeth yn *Golwg*. Roedd rhaid mynychu ei angladd a thalu'r gymwynas olaf iddo a chyflwynais englyn i gofio Ieu a'i roi i'w chwaer. Dyma'r englyn.

Er cof am Ieu Rhos

Un â'r wên, un hamddenol, – un o'r Rhos,
    un â'r iaith werinol,
    un â'i lais oedd yn ddi-lol
    a'r un oedd mor wahanol.

Dyna sy'n esbonio pam fod y sgwrs olaf 'na yn y Fenni mor hynod. Nid y sgwrs ddeng munud arferol weithiau'n bigitan ein gilydd oedd hi. Wedi cymharu nodiadau am y noson eisteddfodol flaenorol, y dafarn, natur y cwrw, sawl peint a'r pryd cyrri ddiwedd y noson, deallais wedyn ei fod wedi cysgu yn y car ym maes parcio'r clwb pêl-droed. Dyna oedd trefn arferol Ieu adeg eisteddfodau ac unrhyw noson arall oddi cartref hyd y gwn i. A dyna pam ei fod wedi codi'n weddol gynnar ar Sadwrn – gêm yn y clwb – ac yn yfed coffi du ym mhabell un o'r theatrau. Roedd bod ar faes y brifwyl yn bwysig iddo, yn un o'i flaenoriaethau yn ystod wythnos gyntaf Awst. Sa'i'n cofio iddo golli'r un eisteddfod genedlaethol dros yn agos i hanner can mlynedd y bûm yn ei adnabod.

Rwy'n dechrau meddwl erbyn hyn fod rhywun wedi trefnu'r cyfarfod olaf 'ma. Fe fuon ni'n trafod addysg, y plant a'r wyrion, ymddeoliad, dyddiau coleg, y bysys, clwb Cymraeg Saith Seren Wrecsam a'r awdl, a hynny'n llawer dyfnach nag unrhyw sgwrs yn y gorffennol. Rhowliwyd a thaniwyd sawl sigarét yn ystod y sgwrs. Bu'r sgwrs yn ddiddorol a diffuant ac nid oedd rhwystr na brys i'w therfynu.

Bu farw yn annisgwyl o sydyn yn fuan wedi hynny ac ar yr un llaw fe deimlaf yn euog nad oeddwn wedi medru treulio mwy o amser yn ei gwmni yn ystod y blynyddoedd a aeth heibio ac ar y llaw arall rwy'n trysori yn fawr iawn yr orig 'na yn y Fenni. Byddaf yn chwilio amdano ar faes Eisteddfod Ynys Môn. Bues yn ffodus i gael adnabod Ieu a byw yn yr un cyfnod ag e. Yn y byd trefnus a strwythuredig yr ydym yn byw ynddo yr oedd Ieu yn wahanol ac mae'n anodd credu bod y bysys y bu'n eu gyrru dros yr holl flynyddoedd wedi bod yn brydlon.

Y brotest odiaf erioed

R. JOHN ROBERTS

'Does dim sôn am y brotest yn y llyfrau hanes... ddim hyd yn oed yn y *South Wales Evening Post* yr wythnos ganlynol. Sôn ydw i am ymgais lew Ieu Rhos a minnau i danseilio'r Ymerodraeth Brydeinig yn y brotest odiaf erioed yn erbyn Arwisgo Charles o Windsor yn Dywysog Cymru yn Ngorffennaf 1969.

I'r ddau fyfyriwr yng Ngholeg Prifysgol Abertawe dechreuodd y nos Sadwrn fel pob un arall – torri syched yn y Rhyddings, cyri poeth yn yr Anglo Asia ac ymlwybro nôl i Brynmill oddeutu hanner nos.

Roedd ein llwybr yn digwydd pasio heibio Neuadd y Brangwyn – lle crandia'r ddinas. A be glywsem ond sŵn band dawns a rhialtwch yn llenwi'r aer. Fel dau fyfyriwr ymchwilgar, roedd yn rhaid canfod mwy. I fyny'r grisiau â ni, ac i mewn heb neb yn ein herio.

Roedd yr olygfa'n rhyfeddol – dynion mewn siacedi ffurfiol a dici bôs, gwragedd mewn ffrogiau llachar a gemwaith yn ratlo, chwedl John Lennon. Ar y byrddau roedd dwsinau o boteli gwin a gwirodydd hanner gwag. Ar y llawr dawnsio roedd y crach yn siglo i alawon Cyril Stapleton a'i Gerddorfa.

Roedd Ieu a minnau'n disgwyl cael ein hel allan ar unwaith o'r jamborî. Ond na, roedd pawb yn ddi-hid ohonom a neb yn dweud dim. Roedd y sefyllfa'n absŵrd.

Nos Sadwrn, 27 Mehefin 1969 oedd hi – fis cyn y sbloets yng Nghaernarfon, a gwelsom o ddarllen bwydlen ar un o'r byrddau mai Dawns yr Arwisgo/*Investiture Ball* dan nawdd y Bwrdd Glo Cenedlaethol oedd hon. Rhecsyn coch i ddau darw gweriniaethol os buodd un erioed.

Penderfynwyd cynnal protest. Wedi ystyried yn ddwys, am o leiaf ddeg eiliad, penderfynwyd mai ffurf y brotest (yn gyfleus iawn) fyddai cerdded yn ddigywilydd o amgylch y byrddau yn slotian diodydd a gwneud niwsans ohonom ein hunain nes cael ein taflu allan.

Ond ni ddaeth neb atom i'n hel adref er ein bod fel dau bloryn amlwg yn ein jîns carpiog a'n hymddygiad yn hynod o hyf ac amharchus.

Hynny yw, nes i Faeres y ddinas golli ei phwrs. Ac i'r ddau ddihiryn gael eu hamau o gyflawni'r anfadwaith. Llwyddasom i egluro mai ar ein ffordd adref o'r Anglo Asian yr oeddem ac na fu inni erioed weld y foneddiges, heb sôn am chwennych ei phwrs.

Yn ffodus, daeth y pwrs colledig i'r fei a gyrrwyd Ieu a fi allan i'r nos gyda dim ond gwres Mehefin a llwyth o alcohol i'n cadw'n gynnes.

Erbyn deall, cyn dechrau rhan barchus y noson yng nghwmni cerddorfa Cyril Stapleton, bu band roc o'r enw Pandora's Box yn diddanu'r ymgreinwyr iau. Tybiai pawb mai *roadies* y grŵp roc oedd Ieu a fi, a'n goddef o ganlyniad yn cerdded y byrddau yn llymeitian diodydd. Pethau fel yna ydoedd *roadies*!

Digwyddodd sbloet y Bwrdd Glo lai na thair blynedd

29

wedi trychineb Aberfan. Fel y tipiau, a'r diwydiant cyfan, diflannodd y Bwrdd Glo a siawns na feiddia'r sefydliad gynnal Arwisgiad arall ychwaith.

Ysywaeth, diflannodd Ieu Rhos hefyd – yr ecsentrig, penderfynol, hoffus oedd wastad yn procio cydwybodau.

Detholiad o'i lythyrau

IEU RHOS – Y LLYTHYRWR

Yr oedd Ieu yn llythyrwr brwd, gan gysylltu ag aelodau'r teulu a'i ffrindiau yn gyson trwy gyfrwng llythyr neu gerdyn post (a cheir mwy am hwyl y cardiau post eto). Yn ffodus i ni, fe gadwyd nifer o'r llythyrau o'i gyfnod yn y Coleg yn Abertawe, ac o'r carchar, gan ei fam, ond gan fod cynnwys ambell un ohonynt yn cyfeirio at faterion personol, dim ond y rhai a yrrodd o garchar a'r un a yrrodd cyn cael ei garcharu sy'n ymddangos yn y gyfrol hon.

Llythyrau o garchar

Ym mis Mawrth, 1971, fel rhan o'r ymgyrch arwyddion, bu'n rhaid i Ieu Rhos (yng nghwmni eraill) ymddangos o flaen llys ynadon Castell-nedd ar gyhuddiadau o ddwyn arwyddion ffyrdd. Fe'i cafwyd yn euog ond gwrthododd dalu'r ddirwy. O ganlyniad, fe'i arestiwyd a'i garcharu am 30 diwrnod. Yn dilyn yr achos llys a gan wybod y byddai'n cael ei garcharu, gyrrodd y llythyr canlynol at ei rieni:

In replying to this letter, please write on the envelope:—

Number 419546   Name ROBERTS. I.W.

H.M. PRISON
OYSTERMOUTH ROAD
SWANSEA
GLAM.

Annwyl Bawb,

Yn gyntaf wnewch chwi sylwi fy mod wedi newidfy nghyfeiriad. Gobeithiaf eich bod wedi derbyn fy llythyr olaf. Cefais fy restio fore ddydd Gwener ac fy gymerwyd fi. Lys Castell Nedd ete lle y rhoddwyd 30 diwrnod o garchar i mi am beidio a thalu'r ddirwy. Nid yw'r lle hanner cynddrwg ac y byddai rhywun yn disgwyl ond fod popeth mor newydd fel fy mod yn synnu ar bob peth sy'n digwydd. Mae'n dda fod Ffred yma oherwydd mae ef yn hen law ar y peth erbyn hyn. Rwy'n gweld y lle rhywbeth yn debyg i'r ysgol gyda llawer o fân reolau, a bwyd rhywbeth yn debyg hefyd. Mae'r swyddogion yn ddynion clên iawn ac yn deall ein sefyllfa lawer gwell na llawer o bobl oddi allan. Yr wyf wedi gofyn am lyfrau ac wedi cael caniatâd ac rwy'n credu fod Gerallt wedi eu gadael yma ddoe. Mae yma lyfrgell ond nid oes llawer o lyfrau Cymraeg ac mae'r rhai gorau wedi mynd gan fod llawer mwy o Gymry Cymraeg yma na sydd fel rheol! Roedd Gerallt a Maria'n gweld i ddod ac er ei fod yn dda eu gweld roeddynt yma pan roedd y gŵr pan ar y teledu ac fe gollais y rhan fwyaf o'r hanner cyntaf, ond nid oedd yn gas iny dda beth bynnag yn fy marn i. Mae'n siŵr y bydd yn dda gennych glywed fy mod wedi cael torri fy ngwallt o'r diwedd

No. 244 30563 27.9.69

Y llythyr cyntaf o Garchar Abertawe

7 Nos Iau 6 Fai '71

Annwyl Bawb,

Newydd glywed bod warrant allan i restio ni am beidio â thalu'r ddirwy yng Nghastell Nedd ac eu bod wedi cymryd Maria i mewn y prynhawn yma. Mae Wynfford yn barod yn y carchar. Rwyf yn bwriadu mynd draw i'r llys yfory. Os cawn ein carcharu ar unwaith mi gewch y llythyr yma.

Rwy'n erfyn arnoch i beidio â thalu'r ddirwy beth bynnag ddigwyddith. Nid wyf am i neb dalu. Nid ydwyf yn credu y caf radd dda iawn, os o gwbl, beth bynnag, felly mi fyddai hwn yn reswm dros beidio ei wneud eleni a'i wneud eto yn y dyfodol. Mae criw go dda yn y carchar ar hyn o bryd ac fe allai fod yn well mynd i mewn yma rŵan tra bod rhywun rydwyf yn nabod yno. Mi fûm yno heddiw yn gweld Wynfford ac mae'n eitha da.

Cofiwch fi at bawb a dywedwch wrth mam am beidio pryderu gormod. Mi gaf rywun i adael i chwi wybod pa bryd y cewch fy ngweld os ydych am ddod i lawr. Beth bynnag y gwnewch peidiwch â phryderu, rwyf yn gwybod beth rwyf yn ei wneud ac am ei wneud.

Os cewch chi'r llythyr yma mi fyddaf yn y carchar ond mae'n well gennyf fynd yno na thalu felly peidiwch â thalu.

Cofion cynnes

Ieuan

O.N. Mi fydd y car ym maes parcio'r coleg a'r goriadau gyda rhywun – Gerallt mae'n debyg – 319 N Lewis Jones [Neuadd Lewis Jones – un o neuaddau preswyl y coleg]

Er mai cyfnod byr a dreuliodd Ieu yng ngharchar Abertawe, gyrrodd dri llythyr at ei dad a'i fam ar bapur swyddogol y carchar. Ar ben pob llythyr mae'r canlynol:
'In replying to this letter, please write on the envelope:-

NUMBER: 419546   NAME: Roberts I.W.
                                     H. M. Prison
                                     Oystermouth Road
                                     SWANSEA
                                     Glam.

7.5.71

Annwyl bawb,

Yn gyntaf wnewch chi sylwi fy mod wedi newid fy nghyfeiriad. Gobeithiaf eich bod wedi derbyn fy llythyr olaf. Cefais fy restio fore dydd Gwener ac fy [fe] gymerwyd fi i lys Castell Nedd lle y rhoddwyd 30 diwrnod o garchar i mi am beidio â thalu'r ddirwy. Nid yw'r lle hanner cynddrwg ag y byddai rhywun yn disgwyl ond fod popeth mor newydd fel fy mod yn synnu ar bob peth sy'n digwydd. Mae'n dda fod Ffred yma oherwydd mae ef yn hen law ar y peth erbyn hyn. Rwyf yn gweld y lle rhywbeth yn debyg i'r ysgol gyda llawer o fân reolau, a bwyd rhywbeth yn debyg hefyd. Mae'r swyddogion yn ddynion clên iawn ac yn deall ein sefyllfa lawer gwell na llawer o bobl oddi allan. Yr wyf wedi gofyn am lyfrau ac wedi cael caniatâd ac rwy'n credu fod Gerallt wedi eu gadael yma ddoe. Mae yma lyfrgell ond nid oes llawer o lyfrau Cymraeg ac mae'r rhai gorau wedi mynd gan fod llawer mwy o Gymry Cymraeg yma na sydd fel rheol!

Daeth Gerallt a Maria i'm gweld i ddoe ac er ei fod yn dda eu gweld roeddynt yma pan oedd y gwpan ar y teledu ac fe gollais y rhan fwyaf o'r hanner cyntaf, ond nid oedd yn gêm rhy dda beth bynnag yn fy marn i. Mae'n siŵr y bydd yn dda gennych glywed fy mod wedi cael torri fy ngwallt o'r diwedd ac yr wyf yn teimlo braidd yn foel ar hyn o bryd. Cefais dipyn mwy o lwc na llawer o bobl oherwydd cefais gyfle i baratoi popeth cyn dod i mewn a dyma'r amser i ddod yma oherwydd bod yma gymaint o bobl rwyf yn adnabod a phe byddwn oddi allan mae'n eithaf tebyg y cawn fy restio beth bynnag yn ymyl y llys. Rwyf i a dau neu dri arall wedi bod yn rhedeg o gwmpas er dydd Llun yn trefnu popeth dros y bobl sy'n carchar. Dydd Mercher bûm yn gweld Menna ym Mryste, dydd Iau Wynfford fan hyn a dydd Gwener deuthum yma fy hun. Mae Menna wedi talu'r ddirwy, maent yn ei gymeryd o gyflog Maria ac mae'r Gymdeithas yn mynd i dalu dros Wynfford gan ei fod yma yn barod.

Peidiwch â thrwblo gormod am fy mod yma. Rwy'n gwybod bod enw'r lle yn edrych yn ddrwg, ond mae'r lle reit dda wir. Rwyf yn gwybod fy mod yn gwneud y peth iawn a phe cawn y cyfle mi wnawn yn union yr un peth eto. Mae'n amlwg fod gennyf ffordd hawdd allan trwy ddweud fy mod wedi gwneud fy mhrotest trwy fod yma am ychydig a bod gennyf radd i'w gwneud, ond nid oes gan y bechgyn eraill sydd yma unrhyw ddewis ac mae rhai ohonynt hwy am raddio eleni. Mae'n rhaid iddynt hwy aros hyd ddiwedd yr achos ac efallai am fwy ac efallai y bydd Ffred a Gwilym Tudur yma am amser maith. Mae problem wedi codi ynglŷn ag ymweld â fi oherwydd dim ond un waith bob mis y caf ymweliad ond drwy gamgymeriad ddoe daeth Gerallt yma a rhaid imi weld y llywodraethwr os ydych chwi am ddod.

Ysgrifennaf eto yn fuan a cofiwch ateb hwn.

Cofion gorau

Ieuan

* * *

15.8.71 Sadwrn

Annwyl Bawb,

Rwyf yn gobeithio eich bod wedi derbyn y llythyrau eraill anfonais i chwi. Nid wyf wedi cael ateb eto. Yn ôl yr hyn yr wyf wedi ei glywed caf ddanfon dau lythyr bob wythnos allan a derbyn dau felly yr oeddwn yn meddwl gyrru un bob wythnos i chwi ac i bobl yn y coleg.

Bu Dr John Davies [y diweddar John Bwlchllan] o'r Adran Hanes yma ddoe ac wedi siarad ag ef rwyf wedi dod i'r casgliad y byddai'n well i mi drio'r arholiadau eleni. Mi gaf eu gwneud yma neu efallai y caf fynd i'r coleg i'w gwneud a beth bynnag mi fyddaf allan hanner ffordd trwyddynt. Mae'r coleg yn barod i mi eu gwneud ac rwyf yn credu bod Llys y Brifysgol wedi trafod y mater gan fod cymaint yn y carchar. Mae'n debyg eich bod yn gwybod fod y lleill yn mynd allan fore Llun ond mi fydd Ffred Ffransis yma am dipyn.

Yr wyf wedi cael llyfrau ac mae'n debyg y gwnaf fwy o waith fan hyn nag y byddwn tu allan. Bûm yn siarad efo'r Parch Ifor Williams am dipyn neithiwr ac mae wedi gofyn am eich cyfeiriad i gael ysgrifennu wedi iddo ddod allan ac efallai y caiff fy ngweld wedyn fel gweinidog. Mae'n gyfaill i Mr Valentine [y Parch Lewis Valentine].

Cefais ganiatâd i chwi ddod i fy ngweld felly os ydych am ddod ysgrifennwch i mi gael gwybod ond peidiwch â dod â dim gyda chwi oherwydd ni gaf dderbyn dim. Dydio ddim gwerth i chwi ladd eich hunain yn ceisio dod yma oherwydd ni fyddaf yma yn hir iawn, mae dros ¼ yr amser wedi mynd yn barod.

Dechreuais wnïo 'mailbags' ddydd Mercher. Credaf fod yn rhaid gwneud dau y dydd ond maent yn rhoi pythefnos i ni yn y dechrau i ddysgu. Nid yw'n waith caled o gwbl ac mae'n dipyn gwell nag eistedd mewn cell drwy'r dydd. Mae'r lle yma yn gwneud bachgen da ohonof, rwyf yn dysgu gwnïo, wedi cael torri fy ngwallt, codi'n fuan, gweithio, mynd i'r capel ar y Sul a ddoe darllenais dipyn ar y Beibl. Hefyd rwyf yn torri i lawr ar y smocio. Mae pobl yn talu pres mawr i fynd i le fel hyn a rwyf yn cael cyflog am fod yma! Yr unig broblem sydd gennyf yw'r arholiad felly mi fydd yn rhaid i mi weithio.

Rwyf newydd sylwi ein bod hyd yn oed yn cael 'headed notepaper' fan hyn. Rwyf wedi dod i arfer â bwyd yn awr ac yn ei gael yn reit flasus. Symudwyd fi ddydd Mercher yn agos i'r bechgyn eraill ac mae'r gwely fan hyn gryn dipyn yn well.

Mae pethau wedi newid os wyf i yn ysgrifennu dau lythyr adref a byth yn cael un yn ôl. Fel arall ma'i fel rheol. Rwyf yn gobeithio nad ydych yn pryderu gormod am hwn oherwydd mi rwyf i reit hapus yn wir.

Ysgrifennais at Jones Stansty cyn dod i mewn yma ond, wrth gwrs, nid wyf wedi cael ateb. Ysgrifennaf at Gerallt i'w gael i nôl y llythyrau o'r Mwmbwls.

Cefais y llythyr yn dweud wrthyf am gadw allan o helynt ac mi wnes. Nhw achosodd yr helynt i mi. Wnes i ddim byd o gwbl, pe byddwn wedi mi fyddwn yn dod allan ddydd Llun.

Ni fedraf feddwl am ddim arall ar hyn o bryd ond cofiwch ysgrifennu, yn arbennig os ydych yn bwriadu dod i lawr.

Cofion gorau
Ieuan

Sul

O.N. Rhaid i mi ddanfon caniatâd i chwi cyn y cewch fy ngweld. Mi gaf y ffurflen reit fuan a'i danfon,

Ieuan   *Trowch Drosodd*

Llun

O.O.N. Mae'n siŵr eich bod wedi blino ar y rhain ond dyma'r olaf. Daeth Dr Nesta Lloyd o'r Adran Gymraeg i 'ngweld heddiw ac yr wyf wedi cael mwy o lyfrau. Addawodd ysgrifennu atoch i ddweud fy mod yn hapus ac yn y blaen. Ni chefais gyfle i roi eich cyfeiriad i Mr Williams [y gweinidog] ac maent wedi mynd ers bore yma. Dim ond Ffred a fi sydd ar ôl yma. Mae'r lle yma yn edrych fwy a mwy fel ystafell yn y neuadd bob dydd gyda pentwr o lyfrau yma.

Gobeithio eich bod yn cael y llythyrau yma oherwydd ni chefais ateb eto. Felly unwaith eto ac am y tro olaf yn y llythyr yma rwy'n gobeithio,

Cofion gorau
Ieuan

* * *

(O dan y cyfeiriad swyddogol, Saesneg, mae Ieu wedi ychwanegu'r cyfeiriad yn Gymraeg)

Carchar ei Mawrhydi
Abertawe
Morgannwg

Llun, 31ain o Fai 1971

Annwyl Bawb,

Derbyniais lythyr Ann wedi danfon yr un olaf ond nid wyf wedi cael un arall oddi ar hynny. Arhosais tan rŵan cyn ysgrifennu gan obeithio cael un, ond mae'n rhaid ei fod ar goll yn rhywle.

Cefais lythyr gan Lewis Morris [Prifathro Ysgol Gynradd Rhos] ychydig yn ôl. Roedd yn dda dros ben ac yn gefnogol i'r carn. Nid wyf wedi ei ateb eto ond mi wnaf wedi mynd oddi yma.

Daeth y Dr John Davies o'r coleg yma a gwelais lythyr mam at Nesta. Camgymerodd Hefin rwy'n credu. Ni gaf dderbyn gormod o lythyrau ac ni chaf ddanfon mwy na dau yr wythnos. Gobeithio eich bod wedi cael fy ail lythyr erbyn rŵan.

Cofiwch longyfarch Gareth ar ei benblwydd drostof. Ni allwn ddanfon cerdyn o fan hyn ond mae'n debyg na fyddwn wedi cofio beth bynnag.

Erbyn i chwi gael y llythyr yma mae'n debyg y byddaf allan. Byddaf allan fore Sadwrn. Dwn i ddim be maent yn disgwyl i mi ei wneud am 8 o'r gloch bore Sadwrn ond dyna fel ma'i. Mae'n gyfleus iawn oherwydd Sadwrn mae Eisteddfod yr Urdd yma ac fe allaf fynd yno gan nad oes arholiad gennyf tan y Dydd Mawrth canlynol.

Mae'r arholiadau'n dechrau gennyf yfory felly mi fydd yn rhaid i mi wneud tipyn o waith heno. Byddaf yn gwneud pedwar yma a 4 tu allan. Wedi iddynt ddarfod mi ddof adref am dipyn. Ni fedraf ddweud pa bryd eto, ond ar ôl y 15fed. Ysgrifennaf eto wedi dod allan.

Mi fûm yn gwnïo 'mail bags' am dipyn. Rhoddwyd pythefnos i mi ddysgu wedyn roeddwn i fod i wneud dwsin yr wythnos am 4/6 (rhyw 22c heddiw) a chael mwy o gyflog pe gwnawn fwy, ond wythnos diwethaf nid oedd digon o waith i gael ac ni fyddaf yn gweithio'r wythnos nesaf felly cefais amser hawdd ond methais â gwneud llawer o arian.

Mi welaf chi felly ymhen ychydig wythnosau.

Cofion gorau

Ieuan

Student sits exams in gaol

A Welsh University student will be sitting part of his honours degree exams in Swansea Prison this week.

Ieuan Roberts, aged 21, is not due to be released until Saturday after a month's gaol for refusing to pay a fine imposed for removing English-only road signs. The exams start today.

Toriad papur newydd am ei garchariad

'Duw, roedd o'n hen foi iawn yn doedd?'

GERALLT TUDOR

Dyna yn aml fyddai geiriau Ieuan am rywun ar ôl taro sgwrs â dieithryn yn y dafarn.

Mae'n anodd cofio pa bryd y cyfarfûm gyntaf â Ieuan – ac Ieuan oedd o bryd hynny, nid Ieu Rhos – ond mae'n siŵr mai yn ein dyddiau cyntaf yn y coleg yn Abertawe bron hanner can mlynedd yn ôl inni daro ar ein gilydd. Doedd o ddim yn ddawnsiwr gwerin nac yn ganwr na chwaraewr rygbi, ond roedd o'n gefnogwr i'r tim 'Nondescripts', yn selog i'r Gym-gym, y bar a'r Rhyddings, ac yn mwynhau trafod a dadlau ar unrhyw bwnc dan haul, ond yn arbennig ar bopeth yn ymwneud â Chymru a'i phobl a'r werin ar draws y byd. Bûm yn rhannu fflat yn Eaton Crescent gyda Ieuan (a Merfyn) yn yr ail flwyddyn, ac fe ddaethom i nabod ein gilydd yn dda trwy sawl sgwrs, trafodaeth, peint a chyri.

Cyfnod llawn cyffro gwleidyddol yn rhyngwladol oedd y chwedegau ac roedd Ieuan yn ei chanol hi gyda brwydr Cymdeithas yr Iaith am arwyddion Cymraeg. Ac yntau'n dod o gartref diwylliedig Cymraeg yn y Rhos, does ryfedd yn y byd iddo fod yn rhan ohono.

Ceir cofnod o fywyd Ieu dros gyfnod ei garchariad yn ei

ddyddiadur (a olygwyd gennyf, ac sy'n dilyn y pwt yma). Mae'n dreiddgar, yn wamal, weithiau'n ddwys, weithiau'n ddoniol ac yn rhoi darlun go dda o Ieu.

Ar draws y blynyddoedd cawsom gwmni ein gilydd sawl tro: teithiau Tudor yn y transit i gemau rhyngwladol, teithiau Celtaidd i Awstria a Phrâg, taith hynod i Rwsia, nosweithiau hwnt ac yma, eisteddfodau ac yn y blaen.

Er i Ieuan dreulio'r rhan fwyaf o'i oes yn gyrru bysys, nid hynny oedd ei wir ddileit, ac fe geisiodd ddianc o'r gwaith fwy nag unwaith. Serch hynny, roedd yn eithaf bodlon, ac yn cael pleser o ddilyn ei ddiddordeb mewn hanes lleol, mudiadau Cymreig, teithiau, darllen, trafod, tafarn. Pan fu farw, roedd y tŷ yn llawn o lyfrau, cylchgronau, cofnodion, gweithgarwch. Gallai Ieu roi argraff ei fod yn segur, ond y gwir yw, ei fod o hyd yn brysur gyda rhyw brosiect.

Oedd, roedd Ieuan yn hen foi iawn, ond i mi roedd yn fwy na hynny, roedd yn ffrind da.

Does dim angen dweud mwy na hynny.

Exam bid in gaol

Western Mail Reporter

A STUDENT at University College, Swansea, will take his finals this week at Swansea Prison, where he is serving a month's sentence.

Ieuan Roberts (21), of Stryd Neuadd, Rhosllanerchrugog, near Wrexham, was sentenced three weeks ago by Neath magistrates for non-payment of fines in connection with the removal of English road signs.

Roberts, a member of the Welsh Language Society, is studying for a degree in Welsh and history, and he will be taking five of his nine exams this week before being released next Saturday.

He sits his first exams tomorrow. The Home Office said yesterday. "One of the classrooms in the prison has been set aside for him to take his exams."

Mr. Ffrederic Ffransis, secretary of the society, said yesterday he had written to thank the prison governor, Mr. Jack Williams, for his co-operation.

SHOUTS AS SIGNS MAN IS JAILED

SHOUTING young members of the Welsh Language Society were removed by police officers at Neath after one of them— 21-year-old Ieuan Gwyn Roberts, of Southward Lane, Mumbles, Swansea—was sent to prison for 30 days for non-

Dyddiadur carchar

IEU RHOS

Rhannau o'i gofnod yng Ngharchar Abertawe a chyn hynny

Nos Sul, 2 Mai, 1971
Mae'r achos o gynllwynio yn dechrau bore fory felly mae
gwylnos heno. Bûm yn y Rhyddings gyda Wyn a Geraint am
dipyn ac yn dadlau'r peth efo Martin a Steff. Daeth Gerallt
ac Alun yno cyn y diwedd. Euthum i'r gwasanaeth am 9 –
tua 300 yno ac Emyr Llew yn areithio i ddechrau. Rhyw 15
ohonom yn mynd i'r Anglo tua 10.30 ac yn ôl tua 12.
Danfonais Geraint, Jane, Eirlys a Rhian yn ôl i'r coleg ac
wedyn cefais gydau cysgu o le Ffrancon a mynd â Pete, J,
EO, Rh yn ôl i'r wylnos.

Llun, 3 Mai
Roedd Rali i fod am 9.30 ond ychydig oedd yma'r adeg yna.
Erbyn amser cinio, fodd bynnag, roedd 2-300 yno tu allan a
chafwyd areithiau gan Dafydd I, Gerallt Jones, W. J.
Edwards ac eraill. Bu bron i'r heddlu restio ryw 30 bnawn
Llun tua 2 ond achosodd Dafydd i ni symud. Rwy'n sicr
nawr mai camgymeriad tactegol oedd hwn gan fod gymaint
o bobl ganol oed yma.

Prynhawn yma torrodd Meinir Ifans, Nan Jones, Anne Lovelock a rhyw ferch arall ar draws y llys o'r oriel ac fe'u cariwyd hwy allan. Clywyd yr achos yn eu herbyn am sarhau'r llys wedi i'r prif achos ddarfod a chan nad oedd Nan na Meinir yn barod i addo na fyddent yn gwneud hyn eto, carcharwyd hwy am dri mis. Aeth si ar led drwy'r dorf oddi allan, a oedd yn anffodus gryn dipyn yn llai erbyn hyn, ac fe newidiodd teimladau pawb yn sydyn.

Rhybuddiwyd ni cyn i'r Barnwr ddod allan y byddai gwneud unrhyw sŵn yn achosi ein restio.Pan ddaeth allan dechreuodd bawb hisian ac fe ddywedodd rhyw swyddog rhywbeth dwl fel 'Restiwch pawb â'u ddannedd yn golwg'. Beth bynnag, bloeddiodd Wayne, Menna a Wynfford – oedd yn agos ata i – allan i floeddio 'Bradwr!' a 'Mochyn!' ar y Barnwr ac fe'i cludwyd i ffwrdd yn gïaidd gan yr heddlu tra safwn innau fel cachgi ar un ochr. Ar yr un pryd restiwyd 5 arall ym mhen arall y dyrfa am wneud sŵn ac atal car y Barnwr. Bu helynt wedyn wrth geisio darganfod pwy oedd i mewn a ceisiodd yr heddlu ddwyn camera Gerallt.

Mawrth, 4 Mai
Cyrhaeddais y llys tua 12.

Mae si fod rhai ohonynt am ymddiheuro i'r Barnwr gan obeithio dod yn rhydd a disgwylir hwy allan y prynhawn yma. Bu'n siom fawr i ni i gyd. Ni chawsant gyfle i ddweud dim cyn i'r Barnwr eu dedfrydu i garchar hyd ddiwedd yr achos a dweud y byddai'n delio â hwy wedyn...

Mercher, 5 Mai
Bûm yn Pucklechurch heddiw yn gweld Menna. Pan

46

gyrhaeddom roedd un o'r moch yn gas ond roedd y ferch yn iawn. Gwelsom Meinir wrth fynd i mewn a phan welodd Maria, syrthiodd ei gwedd. Wedyn sylwodd ar Dafydd a finnau ac fe wenodd yn llydan! Rwy'n credu iddi feddwl fod Maria i mewn hefyd ar y dechrau. Nid oedd Menna'n hapus iawn ar y dechrau ond rwy'n credu i ni wneud lles mawr iddi. Gadawsom ffrwythau, sigarets ac arian iddynt.

Iau, 6 Mai
Prynhawn yma tua 1 o'r gloch dywedodd Guto ap Gwent fod yr heddlu yn dal gwarant i arestio Maria Walsh, Wynfford James a fi am beidio â thalu'r dirwyon yng Nhastell Nedd, ond eu bod am roddi cyfle i ni dalu neu i roddi ein hunan i fyny iddynt cyn ein restio. Dywedodd Guto fod Wynfford yn barod yn y carchar ac y byddai'n gweld y ddau arall ohonom.

Gwelsom Wynfford tua 1.30 a dywedyd wrtho a hefyd rhoi llyfrau a ffags iddo. Mae i'w weld yn eitha llawen er nad yw ei drowsus yn ffitio'n rhy dda.

Gwelais Maria wedyn tua 2.30 wedi iddi ddod o'r gwaith ac roeddem am gyfarfod eto i drefnu beth i'w wneud.

Bûm yn siarad am sbel â Pat yr ast o Gastell Nedd a Dai Jones. Pan symudais oddi yno i siarad ag Alun, daeth rhywun ataf a dweud wrthyf eu bod wedi restio Maria. Dywedais wrth Bwlch-llan a phenderfynais y byddai'n ddoethach i mi adael y llys gan nad oedd rheswm dros gael noson ychwanegol yn y celloedd. Felly es i le Dafydd.

Bûm yn eistedd yno yn rhegi Mars Jones, ysgrifennu llythyr gartref, ac yn trefnu popeth.

Bûm gyda Dafydd yn gweld Mrs Alun Davies Y.H. ac fe addawodd gefnogi Wynfford. Cefais ddadl ddiddorol gyda hi am fy arholiadau ac fe benderfynodd fy mod yn fod sinical iawn.

Bûm yn siarad efo Gerallt am dipyn wedyn ac fe ddaeth John Roberts Dinas yno tua 12.30 gyda'r hanes fod Maria wedi bod o flaen y fainc a cholli £4 yr wythnos o'i chyflog. Aethom yn ôl i'w thŷ ond roedd yn y bath... Aeth y cwbl ohonom i'r Anglo wedyn, er i gar Gerallt redeg allan o betrol yn ymyl yr ysbyty.

Mae'n ymddangos fod Maria wedi cael amser drwg dros ben. Cafwyd llys arbennig am 6 ond nid oedd Ieuan Gwent wedi cyrraedd ac roeddynt am fynd ymlaen hebddo a bu raid iddi fod yn ystyfnig iawn. Ni adawsant iddi fynd i'r tŷ bach gan ei bod yn gwrthod siarad Saesneg a doedd yna neb yn y llys i'w chefnogi heblaw'r cyfieithydd a Ieuan.Nid oedd Beibl Cymraeg yn y llys a chan fod gymaint o helynt am hwn o'r blaen, gwrthododd gael dim i wneud â'r llys. Dedfrydwyd hi felly i dalu £4 yr wythnos o'i chyflog a daeth Ieuan â hi yn ôl. Roeddwn yn awr mewn penbleth oherwydd ni wyddwn os oedd yr heddlu am fy ngweld neu beidio, felly penderfynais fynd i gysgu yn lle Dafydd.

Gwener, 7 Mai
Codais tua 9 a mynd i lawr i'r swyddfa. Roedd Maria yno ond nid oedd olwg o unrhyw un arall. Ffoniodd Maria Gastell Nedd gan gogio ei bod yn galw ar ran y *Daily Post* ac fe ddywedasant nad oedd warant am unrhyw un arall, felly fe aethom am y llys. Nid oedd llawer iawn yno ac wedi i'r Barnwr fynd i mewn, penderfynais fynd i'r coleg i ddosbarthu pamffledi am yr ymgyrch. Dechreuais ar draws y parc ac wrth edrych drwy'r pamffledi sylweddolais nad oedd teip ar ran helaeth ohonynt. Troais yn ôl, yn dal i

edrych i lawr arnynt a chlywais rywun yn galw fy enw. Edrychais i fyny a gwelais fochyn a Pat yr ast yn dod tuag ataf. Nid oedd yr un o'r ddau yn siarad Cymraeg ond roedd Pat yn fy adnabod a chymerwyd fi at y llys lle cafwyd Cymro Cymraeg i gyfieithu a dodwyd fi mewn modur i fynd i Gastell Nedd. Wrth fynd ar hyd y ffordd ddeuol aeth Sian a Maria heibio mewn car ddwywaith ond trodd y mochyn i ffwrdd drwy Sgiwen.

Bûm yn y gell wedyn drwy'r bore gyda dyn oedd i mewn am wrthod talu arian i'w wraig. Bûm yn cysgu lawer o'r amser a daeth Ieuan i 'ngweld am dipyn. Nid oeddwn yn y llys am fwy na chwarter awr. Roedd y Beibl yn Gymraeg, felly atebais eu cwestiynau. Dedfrydwyd fi i fis o garchar er bod y clerc yn swnian bod 8 cyhuddiad. Dechreuodd Maria a Gerallt weiddi wedyn a gorchmynnwyd i bawb gael eu symud o'r llys. Dim ond rhyw bedwar oedd yno. Wedi hyn, cafodd Al, Dafydd, Maria, Ieuan a Gerallt fy ngweld.

Aethpwyd â fi mewn fan wedyn, wedi fy nghwplo â M a galwom ym Mhontardawe i bigo C i fyny. Daeth M â'r mwg i mewn i mi a chwarae teg, cefais y cwbl yn ôl fore Sadwrn a Llun! Roedd yn dda cael hen law gyda ni i roi syniad o sut le oedd yno.

Wedi cyrraedd roedd pobl tu allan yn fy nisgwyl ac roedd Al mor garedig â chnocio'r drws gan eu bod yn araf yn fy ngadael i mewn. Cymry oedd 2 o'r 4 yn ein derbyn i mewn a chefais fynd i B wing gyda'r Remands. Ni chefais noson dda iawn o gwsg gan fod y gwely'n galed iawn ac roeddwn yn ddigalon braidd.

Sadwrn, 8 Mai
Codi am 7. Gwelais y llywodraethwr bore 'ma ac wrth aros i'w

weld daeth Wynford i fyny a chael dipyn o sioc. Roedd y llywodraethwr yn caniatáu i mi gael llyfrau gan fod y lleill wedi cael hynny. Cefais fynd am dro wedyn a gweld Wayne a gafodd yntau sioc hefyd, a chefais fy sigarèt cyntaf ers prynhawn ddoe – uffern roedd o'n gryf. Bûm yn siarad â Ffred am dipyn, wedyn dychwelais i'r gell wedi bod yn y llyfrgell.

Yn y prynhawn, aethom i weld rownd derfynol y gwpan a chawsom sgwrs, ond tua 3, cefais ymweliad gan Ger, Dafydd a Maria. Hanner ffordd trwodd, sylweddolodd y moch nad oedd gennyf hawl i'r ymweliad yma gan mai un y mis rwyf wedi'i gael. Dywedodd Gerallt ei fod am adael llyfrau yma. Pur ddigalon oedd Maria a Dafydd.

Rali fawr 1500 – 2000. Dipyn yn cael eu arestio ond allan o'r fechnïaeth.

Sul, 9 Mai
Maent wedi prynu llyfrau emynau Cymreig newydd yma. Cawsom wasanaeth Cymraeg y prynhawn yma gyda Wyn Griffiths o Gapel y Drindod, a chawsom sgwrs fach a ffag ar y diwedd. Teimlaf gryn dipyn yn well yn nawr.

Yn fy nghell drwy'r dydd Sul a Llun heblaw am ymarfer.

Mawrth, 11 Mai
Gweld y llywodraethwr er mwyn i Mam a Dad gael fy ngweld, a chael caniatâd.

Mercher, 12 Mai
Symud i'r gwaelod i ymyl yr hogiau. Dechrau gweithio yn gwnïo mailbags. Pythefnos i ddysgu a wedyn piecework. I'w gweld yn bobl iawn. Parch. Iolo Williams i mewn yma am sarhau'r llys. Dyn clên iawn.

Iau, 13 Mai

Y llywodraethwr am fy ngweld ynglŷn â'r arholiadau. Nid wyf yn sicr beth fydd yn digwydd. Dafydd a'r 6 arall i mewn dros nos – dedfryd yfory. Siarad â Mr Williams drwy'r ffenestr.

Gwener, 14 Mai

Cefais fy nghloi i mewn wedi glanhau ar ôl brecwast. Daeth rhywun gyda Beibl Cymraeg i mi. Tua 11:30 roedd John Davies yma, a'r llywodraethwr unwaith eto. Bu hwnnw yn cwyno mai carchar i ddrwgweithredwyr yw hwn, ac nad ydynt yn gwybod sut i ddelio â phobol fel ni.

Bwlch-llan yn rhoddi 4 llyfr i mi ac yn siarad â mi am ryw awr. Addo os bydd y ddedfryd yn drwm y bydd i mewn ei hun.

Yr achos drosodd 5 ohonynt – Dafydd, Ffred, Gwilym, Ieuan, Robat, Ieuan yn cael blwyddyn wedi'i gohirio am 3 blynedd. Robat yn cael 6 mis wedi ei gohirio am 3 blynedd. Mae pawb arall i'w rhyddhau fore Llun gan gynnwys Nan a Meinir.

Sadwrn, 15 Mai

Gêm derfynol rygbi broffesiynol ar y teledu. Gweld FfFf am y tro cyntaf ers y Sul. Mae'n awr yn brysur yn meddwl am ffordd i gael blwyddyn arall ar ben yr hyn sydd ganddo. Siarad â Mr Williams drwy'r ffenestr heno eto.

Sul, 16 Mai

Gwasanaeth yn y bore y tro yma gan i Ffred gael ei siomi wrth golli'r ffilm Sul dwetha. Dipyn mwy o'r cons yn troi i fyny a chanu – wel, gwneud sŵn uchel, beth bynnag.

Cyngerdd yn y prynhawn: nid yn aml, os o gwbwl, yr wyf wedi gweld rhywbeth mor wael. Roedd popeth tua 10 mlynedd oed a 5 gwaith rhy swnllyd, ond yn rhyfeddol – roedd y mwyafrif o'r bobl yma yn ei fwynhau.

Llun, 17 Mai

Pawb yn gadael bore yma.

Unwaith eto i weld y llywodraethwr tua 11:30. Mae am i mi fynd allan. Dywedodd fod pawb arall wedi mynd ac nad oedd rheswm i mi aros i mewn. Ei stori oedd fod rhywun yn dod i lawr o'r coleg y prynhawn yma i dalu'r ddirwy, neu i'm cael i ganiatáu iddynt dalu. Awgrymodd y byddai'r peth yn cael ei dalu gyda neu heb fy nghytundeb i, ac y byddai'n well i mi gytuno neu y gallai fod yn ddig iawn. Rhoddodd hyn fraw i mi ond rwy'n credu i mi sylweddoli mai blyff ydoedd, a phenderfynais ar ôl meddwl am y peth a siarad â Ffred, mai mynd ymlaen â hyn fyddai orau, a gwrando ar beth oedd gan Nesta i'w ddweud.

Daeth Nesta â llyfrau a siarad am yr arholiadau heb ddweud gair am dalu. Yn y diwedd, soniais am y peth ac roedd y diawl wedi dweud na châi ddod i 'ngweld i heb geisio fy mherswadio i dalu. Nid yw am i mi dalu, ac addawodd ysgrifennu adref.

Yn rhyfedd iawn, cefais lond bocs o lyfrau heno. Dywedwyd wrthyf eu bod newydd gael eu gadael yn ymyl y giât, ond rwyf yn sidro ers pa bryd maent yma?

Rwyf yn parhau i deimlo'n eithaf calonnog er fod y lle'n dawel wedi i'r lleill adael. Mae'n dda bod Gari a Ffred yma. Cafodd Gari ei gloi i mewn yma amser te a bûm yn siarad dipyn ag ef.

Mawrth, 18 Mai

Cefais fy nghyflog heddiw – 4/6 ½ owns o 'Old Holborn', blwch o Swan, a dau baced o bapurau! Heddiw, dechreuais ysgrifennu dyddiadur tebyg i un Menna. Gobeithiaf y gallaf weithio allan fy rhesymau dros wneud beth wnaethum. Mae Ffred o'r farn mai bois fel fi sy'n 'dwyn anfri' ar y Gymdeithas.

Mercher, 19 Mai

Gofynnais am bapur llythyr y bore yma ond ni chefais un tan amser te. Treuliais dipyn o amser yn ysgrifennu hwnnw at Gerallt, wedyn amser 'step out'. Daeth Gari i mewn a bûm yn dadlau gydag ef am fy rhesymau dros ddod yma. Nid wyf fawr doethach yn awr.

Iau, 20 Mai

Bûm yn dadlau gyda Gari prynhawn yma eto. Ar y dechrau roeddwn yn credu fy mod yn ei ddeall yn iawn, ond yn awr, nid wyf yn ei ddeall o gwbwl. Cefais faddon a dillad glân eto. Mae hyn yn gwenud i ddyn deimlo'n well.

Gwener, 21Mai

Cefais lythyr oddi wrth Ann heddiw, ac fe gododd fy nghalon dipyn oherwydd bûm yn pryderu am eu teimladau gartref ers dau neu dri diwrnod gan na chefais lythyr. Mae'n ymddangos fod yna dipyn o gefnogaeth yna hefyd...

Mae'n anodd credu i mewn fan hyn fod pethau'n parhau i fynd ymlaen oddi allan. Mae'r teimlad rwy'n ei gael yn awr yn union yr un un ac yr oeddwn yn ei gael yn y neuadd: gwell gwneud unrhyw beth heblaw gweithio...

Teimlais y dyddiau cyntaf yma fod popeth fel petai

mewn ffilm. Mae'r wynebau rywsut yn gyfarwydd ar unwaith. Pobl yn y lle croesawu yn ennill trwy gyfrwystra; barbwr Eidalaidd bach; pennaeth fel hen gyrnol ac yn y siop mae lle i lawer ohonynt unai mewn ffilm neu mewn ysgol.

Rhai'n gyfeillgar gyda'r moch – hen ddyn yn dadlau â phawb (Davies); un ceg mawr ond yn iawn yn y bôn (Lofty); un arall ceg mawr nad oes neb yn hoff iawn ohono (Gil); un sy'n gwneud dim gwaith (No1); un sy'n gwneud ychydig iawn o waith (Bush); un hanner call (Thomas); Gwyddel neu ddau; hen law sy'n gwybod pob tric (Winston), ac yn y blaen.

Sadwrn, 22 Mai

Gwelais yn *Evening Post* neithiwr fod Wayne wedi cael dirwy o £10 ond dyna'r cwbwl o hanes oedd yna... Cawsom weld Lloegr yn chwarae heddiw, fi a Ffred wrth gwrs yn cefnogi'r Alban... Sylweddolais amser cinio fod Waldo wedi marw. Pwt bach amdano wedi guddio ynghanol y *Post*.

Medrais wneud ychydig o waith heno, ond mi es i gysgu cyn i'r golau gael ei ddiffodd. Mae'n rhaid i mi ddechrau gweithio'n iawn.

Sul, 23 Mai

Gwelais bwt bach gan Sgriblwr yn *Y Cymro*, am fyfyriwr sydd wedi dechrau gweithio'n galed – am ei fod yn y carchar. Rwyf bron yn sicr mai fi ydi o.

Daeth y Parch. W. Gruffydd, er nad oeddynt yn ei ddisgwyl. Yr oedd 4 ohonom ac mi fyddai mwy wedi dod petaent yn gwybod.

Deuthum i'r casgliad heddiw nad oeddwn yn ymddangos yn rhy dda yn y llys. Yr unig reswm sydd gennyf yw fod ymosod ar y fainc ar ran yr iaith fel petai'n ymosodiad personol gan eu bod yn gas ataf i. Ni allaf fod yn sicr os mai hyn oedd fy ngwir deimladau ond nid wyf yn credu i mi deimlo llawer o ofn.

Daliaf yn sicr fy mod yn gwneud y peth iawn trwy ddod yma, ond ni allaf benderfynu os oedd am y rhesymau iawn. Nid wyf yn disgwyl i bobl sydd yn fy adnabod, fel Ger, fy edmygu, ond rhywsut rwyf angen cefnogaeth M fwy na neb. Pam? ...Teimlaf heno fel petawn am fynd i rywle ar unwaith. Mae'n rhaid i mi wneud rhywbeth. Teimlad cyffredin yw hwn wrth gwrs, ond fel rheol nid oes cymaint yn fy atal rhag mynd. Ni allwn ddioddef blynyddoedd o fod fel hyn.

Mae Ffred yn mynd allan yfory. Mae'n dda gennyf ei fod yn mynd ond mi fydd yn chwith ar ei ôl. Bron nad wyf yn gobeithio y caiff ei restio a'i ddwyn yn ôl fan hyn. Ni fyddai o bwys gan Ffred, ond mae'n haeddu dipyn o ryddid, yn enwedig gan fod y tywydd mor dda.

Llun, 24 Mai
Dywedwyd wrthyf heddiw y byddaf yn cael cyflog yn ôl rhif y sachau a wnaf. Mae'n rhaid i mi wneud digon felly.

Ceisiais wneud ychydig o waith ond mi roedd yn hwyr erbyn imi ddechrau...

Rwyf wedi blino ar y lle yma. Ar y dechrau roedd pethau'n newydd ond yn awr rwy'n edrych ymlaen at fynd allan. Wrth gwrs, fy nheimlad arferol yn ystod tymor yr arholiadau yw edrych ymlaen at y partïo wedi iddynt ddarfod – nid yw'r teimlad fawr cryfach yn awr.

Rhedais allan o faco Sadwrn, ac er imi gael peth gan Gari, rwyf yn ysmygu hen 'dog ends' sy'n ddiflas dros ben.

Rhaid gweithio. Mi wnes.

Mawrth, 25 Mai

Cefais gyflog eto heddiw. Cyfanswm o 27cn, a 5cn yn fwy am fod Gŵyl Banc ddydd Llun. Nid oedd yn ddigon i brynu ¾ owns felly dim ond ½ owns a siwgr brynais i.

Bu Bwlch-llan yma'r prynhawn yma... Cafodd Nesta ateb oddi wrth Mam yn barod. Maent yn meddwl amdanaf ond yn falch. Yr un yw byrdwn Lewis Morris a ysgrifennodd ataf heddiw. Llythyr da dros ben ydoedd... Mae'n debyg ei fod wedi cael dipyn o ddylanwad arnaf heb i mi sylweddoli. Yn awr, gwelaf ei fod ef a Edward Jones a Lewis Valentine wedi bod mewn sefyllfaoedd dylanwadol iawn yn fy mywyd. Mae'n debyg eu bod wedi dylanwadu ar amryw yn yr un modd...

Gwelaf yn awr sut mae dyddiadur yn cael gymaint o afael ar rywun. Rhaid i mi roddi pob hanesyn i lawr yma ac wrth wneud hyn, meddyliaf am lawer o bethau ychwanegol. Tu allan mae'n debyg mai trafod y peth gyda rhywun arall y byddwn yn ei wneud ond dyma'r gorau fan hyn. Nid yw hynny'n hollol wir ychwaith oherwydd mi allwn ei drafod gyda Gar. Cysidraf os byddaf yn parhau gyda hwn wedi gadael. Efallai y bydd yn mynd yn ormod o arferiad i'w dorri ond mae'n debyg na fydd gennyf yr amser na'r egni. Unwaith eto – cawn weld! Mae hyn dipyn gwell fel dyddiadur na 1) glaw, 2) sych 3) 3:30 cyfarfod eto, fel yr arferais wneud, a Mam oedd yn arfer rhoddi rheini i lawr i mi. Mam druan, does ganddi ddim syniad sut le sydd yma. Diolch i'r nefoedd ei bod yn well nag y mae hi'n feddwl, nid yn waeth. Cyn gadael neu yn fuan wedyn rwyf yn credu y bydd rhaid i mi ysgrifennu rhywbeth ar fy Mam o'r carchar, mae'n debyg mai i mi yn unig, ond cawn weld.

Mae'r hanesion ar ddechrau'r dyddiadur i'w gweld yn bell iawn yn ôl yn y gorffennol...

Mercher, 26 Mai

Bûm yn rhoddi gwaed heddiw. Cefais ychydig o bregeth gan y nyrs am fod yn eithafwr ond roeddant yn glên iawn. Roedd llawer yno – dywedant mai am y te a'r bisgedi, ond rwy'n sidro. Mae'n debyg mai cyfuniad o hynny, cael golwg ar ferched, rhywbeth gwahanol i'w wneud a'r teimlad y dylent ei wneud. Mae'n debyg fod yr angen am newid wedi dod dros fy ofn i o'r peth. Ychydig a deimlais i ddweud y gwir.

Mae'r gweithdy yn llenwi. Mae 3 wedi dod yno yn ddiweddar ond ychydig o waith oedd yno tan heddiw. Gwneuthum gawl ar y sach olaf and fe aeth i mewn run fath. Mae sachau newydd anferth yno nawr. Dim ond 1 rhaid i mi wneud bob wythnos.

Gobeithio na fydd raid i mi weithio'r wythnos nesaf neu ni fydd obaith gennyf.

Rwyf yn parhau yn hoff iawn o wneud amserlen fel petai hynny yn gwneud yn lle'r gwaith.

Iau, 27 Mai

Heddiw gwelais y llywodraethwr yn y gweithdy. Y prif swyddog yw'r un yr wyf i wedi bod yn ei weld! Dywedodd Gari mai llythyr yr wythnos rwyf yn ei gael, ond fe ddywedodd y mochyn ar y dechrau fy mod yn cael dau.

Bûm yn dadlau gryn dipyn gyda swyddog y llyfrgell am arwyddion a.y.y.b.

Cawson faddon eto heddiw. Anodd yw credu fod wythnos wedi mynd heibio ers yr un olaf. Mae dyddiau yn tueddu i redeg i mewn i'w gilydd fan hyn. Rwyf yn edrych ymlaen at fynd allan. Mae'n anodd credu fod gennyf arholiadau'r wythnos nesaf.

Gwener, 28 Mai

Bu helynt yn y gweithdy heddiw rhwng Eddie a'r lleill, yn enwedig Gillot. Rwyf wedi hen flino ar y lle. Nid ydynt yn gwneud dim ond dadlau am ryw fân bethau drwy'r dydd. Nid yw'n bosib cael trafodaeth gydag unrhyw un ohonynt ar unrhyw fater. Dim ond dadlau'n gyndyn o un safbwynt a wnânt.

Dechreuais drwblo heddiw rhag ofn na chaf wneud fy arholiadau. Byddai'n esgus da i adael ond nid wyf yn credu y gwnaf. Bydd dipyn o helynt os na chaf eu gwneud...

Heddiw cynigiodd rhywun y dylswn ysgrifennu nofel Gymraeg am y lle yma ac y gwnawn arian mawr. Ychydig mae'n wybod am sefyllfa llenyddiaeth Gymraeg, ond mae'r syniad yn un da. Y drafferth yw nad oes fawr ddim yn digwydd yma. Hefyd edrychai fel petawn yn gwneud rhywbeth mawr ac am gael fy nghlodfori amdano. Byddai'n rhaid iddi fod unai yn nofel seicolegol neu byddai'n rhaid imi roddi rhyw ddigwyddiad megis drama i mewn i greu cyffro. Efallai y gwnaiff fel cefndir stori antur rywbryd. Rhaid gorffen heno gyda'm arwyddair eto – cawn weld!

Ni chefais weld yr athro wedyn. Gofynnaf am weld y pennaeth yfory.

Sadwrn, 29 Mai
Gofynnais am weld y pennaeth heddiw ond ni chaf ei weld tan fore dydd Llun, felly gofynnaf eto yfory.

Bûm yn siarad â Twm wrth ymarfer. Mae'n fachgen diddorol iawn ac mae'n dweud iddo ysgrifennu dwy nofel a stori fer. Roedd yr athro am iddo gael cyhoeddi'r nofelau ond mae'n rhaid gwneud cais arbennig i'r Swyddfa Gartref, ac ni wnaeth hynny. Gall hyn fod yn esgus wrth gwrs, ond credaf ei fod yn wir.

Mae'n od cyn lleied y mae pobl fan hyn yn gwybod am y coleg. Mae hyd yn oed y moch fel petaent mewn byd arall. ...Ni wnes lawer o waith, beth bynnag... Nid wyf wedi cael ateb i unrhyw lythyr. ...Anodd yw ennyn brwdfrydedd yn fy hun at yr arholiadau. Mae hyn wedi bod yn wir erioed, ond fel arfer rwyf yn dechrau pryderu ychydig ynghynt. Wrth gwrs, fan hyn roedd popeth yn newydd, a fy meddwl ar hynny, yn lle pryderu am fy arholiadau. Ni allaf ddychmygu sut awyrgylch fydd yn yr arholiad gyda neb ond y fi a'r goruchwyliwr.

Rwyf wedi dod i'r casgliad fod angen mwy o weithredu lleol cyn belled ag y mae'r Gymdeithas ynddi. Dylai Abertawe fod wedi ei pharatoi am yr achos yr wythnos cynt, ond wrth gwrs, nid oedd y Senedd wedi trefnu pethau. Pe byddai holl gynlluniau Ffred wedi eu dilyn, byddai sylw Prydain oll ar y lle a gallwn fod wedi tynnu sylw Abertawe drwy ddosbarthu pamffledi ynghanol y dref. Mae hyn yn syniad arall i gynnig i Ffred ynglŷn â Chaerdydd...

Sul, 30 Mai

Cefais weld un o'r uchel swyddogion heno. Mae popeth yn barod erbyn yr arholiadau. Mi fyddaf allan Sadwrn, nid Gwener, ac mi fydd yn rhaid i mi weithio wythnos nesaf h.y. gwaith gwnïo ...Clywais tipyn o hanes Thomas heddiw gan Twm. Mae'n ymddangos i Thomas ddweud wrth y swyddogion fod Twm wedi rhoddi ½ owns o faco i ŵr yn y celloedd cosbi, ac fe gafodd hwnnw 7 diwrnod yn fwy a chollodd Twm swydd dda yn yn llyfrgell.

Dim ond diwrnod ac ychydig cyn yr arholiadau ac nid wyf wedi derbyn copi o'r Canu Natur eto. Nid oes gennyf lawer o obaith fan yna.

Llun, 31 Mai

Mae fel Sul yma heddiw. Dim gwaith. Cefais lythyr amser cinio.

Teimlaf yn anobeithiol. Ni welaf unrhyw obaith i mi yn yr arholiad yfory. Nid oes gennyf nodiadau, syniad o'r gwaith, na'r cwestiynau. Nid oes gennyf hyd yn oed y testun i hanner y cwrs. Ni allaf setlo i lawr i wneud y gwaith y gallaf ei wneud, felly penderfynais ysgrifennu hwn. ...Medrais wneud ychydig o waith cyn cysgu

Mawrth, 1 Mehefin

Yn yr ystafelloedd ddosbarth yr oedd yr arholiad. Dim ond fi a Nesta yno Roedd swyddog tu allan, ond ni ddaeth i mewn o gwbwl. Pryderai un fod mapiau ar y wal ac roedd am eu rholio a'u cadw er i mi ddweud nad oeddynt o bwys. Chwarddodd Nesta pan ofynnodd os oedd angen eu cuddio.

Roedd y papur dipyn gwell nag y disgwyliais, a gwyddwn fwy nag a feddyliais. ...Cefais bnawn diddorol. Roeddwn i fod i ddod yn ôl i'm cell ond wedi dod yma nid oedd ar agor ac roeddwn am fynd i'r cantîn i gael fy nhâl. Cefais fy nhalu tua 3 ...Diddorol yw gweld cymaint o bobl yn cerdded o gwmpas y lle yn hollol rhydd.

Mae'n amlwg fod fy arholiadau wedu creu tipyn o ddiddordeb yn y lle yma. Gofynnwyd i mi gan gryn dipyn o bobl sut y gwnaethum y bore 'ma. Amryw ohonynt na welais o'r blaen. ...Rwyf newydd ddarganfod ffordd newydd o wneud arian fan hyn: betio y byddaf yn mynd allan ddydd Sadwrn. Maent oll yn barod i daeru y byddaf allan ddydd Gwener.Rwyf wedi ennill owns yn barod ond nid wyf yn credu y byddaf yn casglu y rhain, gan mai Meeke a Winston (Kirk Douglas) yw'r ddau, ½ owns bob un ac fe roddodd y ddau fwgyn i mi dros y pen wythnos.

...Cyn dechrau'r llith olaf yma roeddwn yn credu fy mod wedi peidio â rhoddi llawer o syniadau i lawr yma a'i gwtogi bron iawn i weithgareddau lle. Cyfrifais tua 5,500 o eiriau ond ychydig ohonynt sydd yn werth dim. Suddodd y dyddiadur yn ddiweddar i fod yn rhywbeth i'w wneud nad oedd yn waith, ac yn adroddiad o ddigwyddiadau dibwys. Efallai nad dibwys mohonynt. I ddechrau, nid oes dim digwyddiadau anghyffredin yn ddibwys yma oherwydd ychydig sydd yn digwydd ac yn y dyfodol mi fyddant yn dwyn atgofion o awyrgylch y lle. Mae'n gwestiwn os bydd angen hynny arnaf oherwydd rwyf yn dweud wrth bawb y byddaf yn ôl fan hyn cyn bo hir a bron nad wyf yn ei gredu fy hunan.

Meddyliaf heno fod y bobl fan hyn gystal, os nad gwell, na'r gymdeithas yn y Coleg. I ddechrau, nid ydynt yn rhagrithwyr fel cymaint o'r myfyrwyr, a phan fo rhywbeth ganddynt, maent yn ddigon parod i'w rannu ag eraill. Yr enghraifft fwyaf wrth gwrs yw baco. Mi fyddai pobl fel Meeke, Gari, Paddy, Winstone a Meredydd yn dda yn rhywle. Mae yna ryw gymdeithas glòs hapus ar ôl yma, mae'n debyg am fod cyn lleied ohonom. Credaf fod Twm wedi llenwi bwlch ac efallai fod hyn yn cael dylanwad ar y dyddiadur. Cawn drafodaethau diddorol wrth ymarfer ambell i ddydd ac mae am astudio Cymraeg yn awr. Mae Gari hefyd wedi dechrau ac mae'n darllen Llywarch Hen heno. Darllennodd y 4 Cainc yn y fersiwn ddiweddar yn barod. Os wyf am roddi benthyg pethau, doeth o beth fyddai gwneud rhestr o'm llyfrau, ond mae'n rhy hwyr yn awr. Os collwyd, collwyd; h.y. ys kelvit, kelvit yw.

Mercher, 2 Mehefin
Credaf fy mod yn gwneud yn well yn yr arholiadau fan hyn nag y byddwn yn wneud tu allan... Tebycach oedd yr arholiad i bicnic nag i arholiad, gyda choffi, bisgedi a sigarèts. Rhyfedd oedd ysmygu sigarèts iawn wedi bod yma mor hir. Teimlent mor dew ac roeddent yn wan.

Wrth ddod ar hyd adain A, sylwais ar garcharor yn sefyll ar bont yn syllu i lawr. Mor rhyfedd ydyw fel mae pont yn tynnu pobl i sefyll a gwylio beth bynnag sydd yn mynd heibio odanynt.

...Hoffwn pe bai criw tu allan oherwydd mi fyddai'n dangos fod rhywun yn fy nghofio a'u bod yn gwerthfawrogi fy safiad, ond ar y llaw arall, byddai'n well gennyf pe baent yn derbyn hyn fel rhywbeth cyffredin. Yr un hen wrthdaro rhwng fy meddwl a'm teimladau sydd fan hyn. Gwn nad oes neb o'm cyfeillion yn fy meio ond hoffwn deimlo eu cefnogaeth. Nid wyf yn meddwl fy mod yn arwr ond hoffwn deimlo fy mod yn arwr iddynt.

Derbyniais ddau gerdyn prynhawn yma yn dymuno lwc i mi yn yr arholiadau...

Mae'r darn olaf uchod, a llawer mwy yn y dyddiadur yma, yn dangos mor gymysglyd yw fy nheimladau, ac mor aneglur fy syniadau.

Cofiaf yn awr yr hyn roeddwn am ei roddi i lawr bore yma. Ni allaf gredu fy mod yn y carchar dros yr iaith. Nid yw'r lle yn debyg o gwbwl i garchar ac rwyf yn llawen yma. Wrth gwrs, mae peth o hynny oherwydd fy mod wedi penderfynu dod yma ac wrth gwrs, cefais amser hawdd ar y dechrau. Nid yw mis yn ddim, ond ni hoffwn wneud llawer mwy na hynny. Cefais gwmni hael yma a chefais lawer mwy o ymweliadau nag y dylwn eu cael. Byddai'n wahanol pe bawn o dan yr un rheolaeth â'r lleill. Wrth ysgrifennu hyn, meddyliais mor ddrwg fyddai bod yma a gweld y tymhorau'n newid. Rwyf wedi bod yma ar dywydd braf ac mi fydd digon o haf ar ôl wedi imi fynd allan. Mae'r dyddiadur yn gwneud ei waith yn dda – yn codi syniadau, er fy mod yn gwneud cawl o'u gosod i lawr.

Teimlaf yn awr y byddwn yn barod i ddod i mewn yma eto: 1) i brofi na ddeuthum yma er mwyn osgoi'r arholiadau; 2) er mwyn cael ail-gwrdd â'r bobl yma, mae'n debyg er mwyn cael f'edmygu ganddynt.

Anodd fydd cynnal y teimlad yma wedi mynd allan, rwyf yn barod yn cilio'n dawel pan af adref, ac efallai y bydd yn wir pan af allan. Rhaid gadael nodyn i mi fy hun wrth i mi ddarllen hwn yn y dyfodol. Bydd yn rhaid bod yn ofalus, beth bynnag, fy mod yn *barod* i ddod i garchar, ac yn gweithredu felly, ac nid yn *penderfynu* dod i garchar ac yn edrych am weithred i gyflawni hynny. Dyma yw gwendid syniadau Ffred ond wrth gwrs, mae ef yn datgan ei fod yn anwybyddu bygythiad cyfraith estronol anghyfiawn drwy wneud hynny. Dylwn fod wedi penderfynu fy mod yn barod i fynd i garchar cyn y weithred arweiniodd at hynny, ond gwell oedd gennyf beidio â meddwl amdano. Yn awr rwyf yn gwybod sut le yw'r carchar ac rwy'n barod i ddod yma! Nid wyf yn credu fy mod wedi cael braw wrth fod yma. Mantais fawr yw y byddai fy mywyd y tu allan wedi bod yn dawel iawn hefyd dros y cyfnod yma...

Bu pwt bach ar dudalen flaen yr *Evening Post* o dan 'news in brief' yn dweud fy mod yn sefyll fy arholiad fan hyn, a chlywais heddiw fod darn yn y *Daily Mirror* rywbryd amdanaf. Mae'r arholiadau fel petaent wedi rhyddhau fy meddwl. Ysgrifennais 10 ochr ers bore ddoe, tua 2,000 o eiriau.

Iau, 3 Mehefin

Papur y bore yma ar G Harries yn unig. Dewisais y cwestiynau'n reit dda... Cefais baned o goffi a ffag hanner ffordd drwodd, ond cefais yr amser yn ôl ar y diwedd. Dywedais wrth Nesta fy mod wedi gwneud mwy o waith fan hyn nag y byddwn wedi ei wneud tu allan, ac mae hyn yn hollol wir. Nid oedd dim i'w wneud yma heblaw cysgu a gweithio. Gofynnodd Dai Meeke i mi os allwn i gael merch i ysgrifennu ato. Ni fyddai angen iddo fod yn fawr o lythyr, cyn belled a'i fod wedi ei drwytho mewn persawr. Mae hyd yn oed yn hoffi Nesta, ond ni welodd wraig ers 21 mis. Meddyliais hefyd y byddai'n syniad danfon *Y Cymro* i Gari bob wythnos, a llythyr iddo ef a Twm bob hyn ac yn y man. Efallai y gwelaf J. Gwyn ynglŷn â Gari.

Cyfeithais lythyr i'r Gymraeg heddiw i ŵr o'r gweithdy. Mae ei fam yn siarad Cymraeg ond nid yw ef. Wrth edrych ar y llythyr, mae ei Saesneg i'w weld yn warthus, ond nid yw'n gweld daioni mewn siarad Cymraeg. Gobeithiaf y bydd ei fam yn deall y llythyr. Cadwais ef yn syml oherwydd ni wn faint o Gymraeg mae'n ddeall. Wrth gwrs, os yw'n darllen y Beibl, mae'n darllen Cymraeg yn iawn.

Meddyliais ers peth amser mor dda yw'r ceidwad nos yn awr. Mae lawer gwell pan fo rhywun yn dweud nos da yn lle troi'r goleuadau i ffwrdd heb ddweud dim. Er nad yw'n llawer o beth, mae'n dangos rhyw fath o deimlad.

Syniad arall a gefais heno oedd ynglŷn â'r poster yn galw Emlyn Hooson yn fradwr. Efallai y byddai achos o 'libel' yn dda iawn oherwydd gellid mynd ati wedyn i brofi ei fod yn fradwr i Gymru.

Rwyf yn gwastraffu llawer gormod o amser yn ysgrifennu yn hwn. Mae'n edrych yn debyg rŵan y byddaf yn cario ymlaen wedi mynd allan. Bydd yn rhaid i mi guddio hwn ymysg fy nodiadau cyn gadael.

Yn sydyn, sylweddolais rywbeth pwysig. Os wyf mor ansicr ohonof fy hun, sut ddiawl y gallaf fod yn sicr o rywun arall? Nid oes gennyf syniad o beth rwyf am wneud â'm mywyd na beth yw fy nheimladau at bobl eraill!

Mae un peth yn siŵr gennyf yn awr. Mae'n rhaid fy mod yn gymeriad hawdd dod ymlaen ag ef, neu mae bobl yn cydymdeimlo â fi. Nid wyf yn credu fod gennyf lawer o elynion personol a bron na fyddwn yn dweud fy mod yn weddol boblogaidd. Cofiaf feddwl pan oedd y merched flwyddyn 1af yno ar y dechrau, nad oedd gennyf obaith mewn ymosodiad un noson – ond dipyn wedi iddynt fy nabod yn well. Gallaf fod yn sicr bron y gallaf gael... wedi mynd allan o fan hyn. Diddorol fydd gweld ymateb...

Mae gan amryw fan hyn ddiddordeb yn fy arholiadau. A ydyw hyn am fod ganddynt diddordeb yn 'X' sy'n gwneud ei arholiadau yma? Mae'n debyg, oherwydd mae amryw nad ydynt yn fy adnabod. Yn ôl y traffig sydd at y drws yma weithiau, maent yn fy hoffi, neu maent yn cydymdeimlo â bachgen ifanc sy'n y carchar am y tro cyntaf ac yn gwneud ei arholiadau yma oherwydd ei safiad dros yr iaith. Dyma fi eto yn methu penderfynu peth fel hyn, ac yn mynd o gwmpas mewn cylchoedd.

1 peth olaf am heno. Dyma fi wedi gwneud mis o garchar dros yr iaith ac wedi gwneud fy arholiadau gradd yn y carchar. Mae'n debyg fod digon o bobl fel... yn edmygu fy

safiad a'm aberth, ond nid wyf yn teimlo fy mod wedi gwneud dim. Gobeithiaf y medraf barhau i deimlo felly wedi mynd allan.

3 peth arall eto.

1) Credaf fod hyn wedi gwneud dyn ohonof. Os fedraf fyw fan hyn, gallaf fyw yn unman. Nid oes gennyf neb i gwyno wrthynt. Mae bron yn angenrheidiol i mi gael gwaith oddi cartref yn awr neu mi fyddaf yn syrthio'n ôl i ddibynnu ar fy rhieni unwaith eto.

2) Neu 1a. Credaf fod carchar wedi bod yn hawdd i mi oherwydd fy mod wedi cael fy rheoli gan rhywun ar hyd fy oes. Rhywun arall sydd wedi rhedeg fy mywyd drwy'r amser, er i mi benderfynu tynnu'r arwyddion i lawr. Dyna paham y bydd yn anodd, ond yn angenrheidiol gadael cartref.

3) Rwy'n gwybod nad yw pobl fel C M a S yn cytuno â fi, ond gobeithiaf y byddaf yn parhau i drafod pethau gyda hwy. Nid wyf am fynd yn ddim ond casgliad o ragfarnau nad yw'n gwrando ar syniadau neb arall. Dyna yw gwendid mawr y Gymdeithas. Mi allai fynd yn ffasgaidd mor hawdd. Rydym wedi bod yn lwcus gydag arweinwyr y gorfennol. Gobeithio'n wir y bydd rhai y dyfodol gystal. Cytunaf â Ffred fod y modd y dewiswyd y Senedd newydd yn hollol anghywir. Rhoddwyd yr hawl i'r hen Senedd ddewis eu canlynwyr. Hollol annemocrataidd oedd hyn, ond mi roedd wedi bod yn gyfarfod hir a blinedig, a dim ond Ffred oedd yn ei erbyn.

Gwener, 4 Mehefin

Penderfynnais (ac fe wnes) ddweud wrth John Davies

fod yr un osododd y papur (Hanes Cymru) yn haeddu bod yn y carchar, ond credai ef ei fod yn bapur teg iawn.

Cefais ffags ganddo, ond smociais hwy yn yr arholiad a bûm yn pryderu am fy nghyflog gan nad oedd gennyf faco...

Cymerais fy llyfrau i'r llyfrgell ac fe edrychodd un o'r moch trwyddynt! Roedd ganddynt ofn i mi ysgrifennu am y carchar ond gwelodd hwn a ddywedodd o ddim byd.

Cefais fwyta tua 3, a fy nhalu tua 4:30. Rhoddais ½ y pethau i ffwrdd cyn cyrraedd y gell.

Roedd gan Twm ddiddordeb mawr yn yr *Ox Bk* [*Welsh Verse*]. Rhoddais ei fenthyg iddo ddoe ac fe ofynnodd i mi gopïo 'Mi sydd fachgen ifanc ffôl' iddo, ac mi wnes. Meddyliais adael Canu Heledd hefyd, ond ni chofiais. Cefais noson dawel nos Wener yn darllen llyfrau'r llyfrgell.

Sadwrn, 5 Mehefin
Cefais frecwast a dywedwyd wrthyf am fynd i'r 'reception' wedi ei gael. Bûm yn dadlau gydag un o'r moch am dipyn a rhoddais y pamffledi iddynt pan gefais hwy'n ôl. Rhoddwyd 4 swllt i mi fynd i'r Mwmbwls a chymerwyd fi at y giât. Cefais gythral o sioc wrth ddod allan pan welais faint oedd yna. Mae'n siŵr fod 50 yno, a Guto G a'r Ddraig Goch. Teimlais yn ffŵl oherwydd roedd pawb yn edrych arnaf a dim i mi ei wneud. Yno roedd Heini, Ffred, Gronw, Maria, Guto, Ger, Merfyn, Shirley, Ted, Wyn, Wayne, Wynffod, Dai, Menna, Dai Jones, Ffrancon, Sel, Pete, Arthur Tomos, John Dinas a llu nad oeddwn yn eu nabod. Daeth Mam a Dad tua 8:30, a Robat Gruffudd tua 8:45. Clywais gan fochyn fod rhai tu allan, ond doeddwn i ddim ond yn disgwyl ychydig. Cyhoeddwyd y peth yn y Rhyddings nos Wener. Bûm yn siarad â rhai am ychydig...

Euthum gyda Mam a Dad i'r coleg a chwrdd â llawer yno, wedyn aethom i Porth Einion am bicnic. Daethom yn ôl i'r coleg tua 2, ac aethant adref. Mam dipyn gwell erbyn hynny, am ei bod wedi fy ngweld yn fwy na dim. Mae Brenda ac Alun wedi bod wrthi'n ddyfal.

Newidiais ac fe es i'r Steddfod gyda... Cyfarfod â rhai pobl yno, ac i'r Rhydds 3:30. 1 cyflym, ac yn ôl. ...Methu â chredu fy mod wedi bod i mewn o gwbwl, yn slipio'n ôl mor hawdd.

Fyny i'r Rhydds erbyn 6. Pawb yn prynu cwrw i mi, ond er meddwi, nid mor bell ag y disgwyliwn, a bûm yn yr Anglo wedyn...

Sul, 6 Mehefin
Deffro am 9 a methu mynd yn ôl i gysgu. Codi tua 10... Bûm am dro yn y parc gyda J a G a threfnwyd i fynd i Rydds am 7. Tawel iawn yno ar ôl nos Sadwrn. Lawr i'r Anglo wedyn, a Hywel (Brylcream) yno'n malu am Jim. Yn ôl i'r Mwmbwls wedyn a chysgu yn y cwd cysgu, ond ar wely iawn.

Llun, 7 Mehefin
Deffro tua 8 eto a methu mynd i gysgu... Diwrnod hollol arferol yn y coleg. I'r Mwmbwls tua 6:30, a llenwi hwn. Mae'n ymddangos fel mod i'n mynd i ddal ati ond nid wyf wedi ei wneud yn dda iawn oherwydd brys. Nid wyf yn teimlo'n awr fod gennyf gymaint o amser. Llenwaf y bylchau mewn munud. Prynais pro-plus heddiw i roddi nerth i mi oherwydd mae Ellis fory, ac nid wyf yn ei wybod.

Roeddwn yn siarad â llawer o bobl ddydd Sadwrn na fyddent yn siarad â mi'n arferol. ...Cariai Ffred fwa a saeth a enillodd yn y ffair, ac fe edrychai pawb arno. Roedd car mawr du ar y cae a chan ei fod yn edrych mor bwysig, saethodd Robat y saeth ar y ffenest gefn a bu bron inni gael ein restio.

Roedd y Ryddings yn llawn 6:30, er iddi wagio tua 8 pm pan aeth pobl i'r noson bop. Roeddwn yn ysmygu fel ffŵl drwy'r dydd. Ychydig o ganu fu yno heblaw am gachu yn y bar. Credais y byddai angen pobl i'm cario i adref, ond roeddwn yn eithaf sobr er my mod yn flinedig. Erbyn 12 roeddwn wedi cael digon ar y lle a'r malu cachu.

Gwelais TJ ac Ellis ar y cae. Ellis yn dda dros ben, a TJ yn dangos diddordeb ond dim cefnogaeth. Alun Davies a'i wraig yn dda heb ddweud llawer.

Mercher, 9 Mehefin
Es i'm gwely tua 1, ond methu codi tan 7. Arholiad Nesta ddim yn arbennig o ddrwg na da. ...Wedi bod yn trefnu gyda Ted i fynd i'r Wyddgrug. Dechrau Llun a galw am beint ymhob sir yng Nghymru...

Gwener, 10 Mehefin
Glawio. Methu gweithio. Codi tua 1:30 y pnawn. ...Meddwl cael minibus a chario pobl o amgylch Cymru. Syniad da ond sidraf os y gwnawn hynny hefyd. Dim ond angen rhoddi hysbysebion mewn papurau yn Ewrob. Gadael 2. Darllen tan 4.

Sadwrn, 11 Mehefin
Llenwi hwn i mewn eto. Mae fel petai dim amser gennyf i'w lenwi yn iawn bellach. Methu gweithio drwy'r wythnos. Nid oes gennyf syniad o sut mae pobl yn teimlo neu beth maent yn ei wneud dyddiau yma. ...Stag and Pheasant...

Sul, 12 Mehefin
Yn ôl i Abertawe heibio Carreg Cennen. Castell hyfryd iawn...

Mawrth, 15 Mehefin
Arholiadau drosodd. Meddwad yn y Rydds gyda Col Bach,
wedyn i'r Dillwyn tua 9 – neb yno i ddechrau. Dadlau efo
pobl. Rich M yn cerdded i mewn tua 9:30 yn feddw gaib.
Diawlio pawb, ar y vodkas (fi). I'r Anglo – rhy flinedig i aros,
a cherdded allan. Cysgu ar lawr Rich. Llys yn y prynhawn.

Mawrth, 22 Mehefin
Barbeciw ar y traeth. Wedi bod yn hel coed gyda Geraint.
Feddw gaib yn y nos.

Sadwrn, 26 Mehefin
Dechrau am adref gyda Geraint. Meddwl galw'n y Ceff.
Carnifal yng Nghaerfyrddin a methu mynd drwy'r dre.
Cerdded mewn i'r Ceff a Ffred, Gronw a Corris yno. Siarad
â hwy ac yfed drwy'r pnawn. Ceisio cael bwyd am ddim yn
y Drindod ond methu. Yn ôl i'r Ceff wedyn i'r Stag gyda Lis
a Gwyneth? Am baned o de mewn neuadd a dadlau â
darlithydd. Lawr i Llansteffan gyda'r merched. Cysgu yn
ystafell gyffredin y neuadd tua 4. Rhedeg allan o betrol bore
Sul. Dechrau tua 10, galw'n Aber a Choedpoeth.
Mercher. Mynd â Mam i Gaernarfon...
    Ffred wedi gofyn i mi os oeddwn am ddringo neu falu.
Well gennyf y syniad o ddringo.

Llun: Dechrau gweithio.

Y coleg a'r ymgyrch arwyddion

MENNA ELFYN

Yn hongian ar fachyn jwg fy seld mae llwy bren; un gain wedi ei farneisio, a'r tu mewn iddi mae dwy galon fach ag arnynt y llythrennau M. E. a W. J. Rhodd priodas oedd hon a ddaeth drwy'r post rai dyddiau cyn i Wynfford a finnau briodi nôl yn 1974. Anrheg annisgwyl mewn gwirionedd gan mai priodas dawel a gawsom heb ddweud wrth lawer o neb am ein cynlluniau. Roedd meddwl i Ieu fynd ati i'w llunio ei hun, o waith ei fysedd, yn ei gwneud yn wahanol i bob anrheg arall a gawsom. Ei gwneud yn rhodd unigryw hefyd. Nid un i fynd i ryw siop ffansi i chwilio am degell neu gloc mo Ieu. Na, anrheg sgleiniog syml wedi ei naddu'n gywrain. Ac o'r herwydd mae'n dal yno yn cael lle anrhydeddus gennym. Yn symbol hefyd o gyfeillgarwch cyfnod a choleg.

Roedd clywed am farwolaeth Ieu yn dipyn o ysgytwad i ni'n dau fel i lawer o bobl eraill. Wedi'r cyfan, ar ddydd Gwener ola'r Eisteddfod yr oeddem yn sgwrsio gydag e wrth far y maes, yn eistedd ar un o'r meinciau yno ac yn hel atgofion fel y mae rhywun yn tueddu i wneud gan holi am hwn ac arall o'n cydnabod. Cyn hynny, roedd wedi eistedd i wrando arnaf yn darllen cerddi ar y maes y tu allan i Babell

71

Ieu Rhos yn siarad gyda Menna Elfyn
ar ôl dod allan o garchar Abertawe

Mynwy a phan eisteddodd i wrando, cawn fy hunan yn teimlo elfen o'r swildod deunaw oed eto. Wedi'r cyfan doedd e ddim wedi fy nghlywed erioed yn darllen cerddi yn gyhoeddus o'r blaen a rhyw greadur encilgar oeddwn yn y coleg ac yn amharod i gydnabod y chwiw ysgrifennu bryd hynny. Ond, eistedd a gwrando a wnaeth gyda'r hanner gwên a wnâi i chi beidio â chymryd dim yn ganiataol.

Mae ambell berson y dowch ar eu traws mewn bywyd, fel tase nhw wedi bod yno o'ch blaen chi. Hynny yw, er mai blwyddyn neu ddwy o wahaniaeth oedran oedd rhyngof a Ieu Rhos pan gwrddes ag e am y tro cyntaf yn y Brifysgol yn Abertawe, yr oedd rhywbeth amdano a wnâi i chi feddwl iddo wybod llawer mwy na chi am ysgol brofiad. A hynny am y teimlech iddo fod yn hen ben ar bethau'r byd, yn ddyn a wyddai holl gwyrcs dynoliaeth. Roedd ganddo wybodaeth eang am bynciau lawer hefyd. A doedd dim rhyfedd yn y byd iddo ddewis hanes fel pwnc. Byddem yn dadlau, weithiau yn ffyrnig, â'n gilydd am y math o gymdeithas yr oeddem am fod yn rhan ohoni. Yn aml byddai'r ddeuoliaeth o 'iaith' a 'gwaith' yn rhan o'r dyhead neu'r gwewyr; pa un fyddai'n achub yr iaith neu o leiaf yn ei chynnal hi.

Roedd yn ddadleuwr ffyrnig a byddai wedi arthio go iawn heddiw o weld stranciau Trump, ac roedd ganddo wên fach gyfrwys hefyd a oedd â brath yn ei dilyn. Gwyddai yn dda sut roedd rhoi rhywun bostfawr yn ei le.

Roedd yn aelod selog o'r dafarn yn y Rhyddings yn yr Ucheldiroedd pan oeddem yn y coleg, man lle y byddai'r Cymry Cymraeg yn ymgynnull ynddo ac yn nes ymlaen yn y Dilwyn, rhyw dafarn lawr ar ei lwc yng nghanol Abertawe. Byddai ei sgwrs yn ffraeth a hwyliog. Ond y tu ôl i'r gragen galed, yr oedd yna galon feddal, hael. Roedd yn garedig tu hwnt ac ef fyddai'r cyntaf i brynu diod neu wneud ffafr â rhywun. Ac fel aelod o Gymdeithas yr Iaith, roedd yn barod bob amser i weithredu ac yn selog i gefnogi eraill o flaen eu gwell. Tebyg i mi ddod i'w adnabod yn well wrth iddo ymuno yn yr ymgyrch i dynnu arwyddion; ac un o'r achosion cyntaf a gynhaliwyd yn erbyn aelodau o Gymdeithas yr Iaith (yn yr ymgyrch tynnu arwyddion) oedd achos llys Castell Nedd gyda Wynfford James, Ieu Rhos, Maria Walsh a finnau o flaen ein gwell am ddifrod troseddol. Roedd hynny yn ôl yn 1971, ac roedd yn amlwg i bawb mai'r ddau lanc oedd y gweithredwyr, ac mai rhyw gadw golwg rhag yr heddlu oedd rôl y ddwy ferch. Cafwyd dirwyon ac ymhen hir a hwyr aeth y ddau lanc i garchar ond talwyd dirwyon y merched gan rai anhysbys.

Caem ein cario yn aml gan Ieu Rhos yn ei gar wrth fynd i weithgareddau'r Gymdeithas ar hyd a lled Cymru, ac un tro yn ymyl Tafarn Jem, y tu allan i Lambed, cawsom ddamwain a throdd y car beniwaered. Does dim dwywaith na lwyddodd Ieu i achub ein bywydau hefyd y diwrnod hwnnw wrth iddo lwyddo rywsut i reoli llyw y car wrth i hwnnw fynd dros ddarn o iâ du ar y ffordd fawr. Cafodd anaf i'w ysgwydd os cofiaf yn iawn ond drwy lwc, daethom o'r car hwnnw heb fawr o anafiadau heblaw ambell glais.

Fel merch y Mans, heb fawr o ymdeimlad at frogarwch na gwreiddiau, gwelwn fod y Rhos yn rhan annatod o Ieu ac

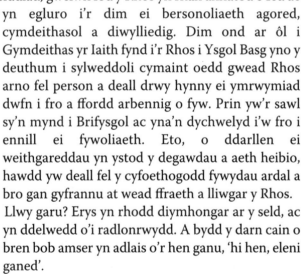

yn egluro i'r dim ei bersonoliaeth agored, cymdeithasol a diwylliedig. Dim ond ar ôl i Gymdeithas yr Iaith fynd i'r Rhos i Ysgol Basg yno y deuthum i sylweddoli cymaint oedd gwead Rhos arno fel person a deall drwy hynny ei ymrwymiad dwfn i fro a ffordd arbennig o fyw. Prin yw'r sawl sy'n mynd i Brifysgol ac yna'n dychwelyd i'w fro i ennill ei fywoliaeth. Eto, o ddarllen ei weithgareddau yn ystod y degawdau a aeth heibio, hawdd yw deall fel y cyfoethogodd fywydau ardal a bro gan gyfrannu at wead ffraeth a lliwgar y Rhos.

Llwy garu? Erys yn rhodd diymhongar ar y seld, ac yn ddelwedd o'i radlonrwydd. A bydd y darn cain o bren bob amser yn adlais o'r hen ganu, 'hi hen, eleni ganed'.

Y llwy garu a wnaed gan Ieu Rhos
gyda M E a W J i'w gweld arni

Atgofion cyd-ysgrifennydd y Gymdeithas

ARFON GWILYM

Y tro olaf i mi gyfarfod â Ieu oedd yn y Tŷ Gwerin ar faes Eisteddfod y Fenni, yn union cyn y Stomp Cerdd Dant, yn amlwg yn edrych ymlaen at fath o adloniant a oedd wrth ei fodd – rhywbeth dipyn bach yn amharchus ac ansefydliadol. Roedd o'n dal mor gegog a chynhennus ag erioed, ond yn dal i lwyddo yr un pryd i godi gwên ar bawb o'i gwmpas.

Fedra' i yn fy myw gofio ymhle na phryd y dois i ar ei draws gyntaf, ond gallaf fod yn hollol siŵr mai yn y cyfnod pan oedd ef a minnau yn y coleg, ef yn Abertawe a minnau yn Aberystwyth – sef diwedd y chwedegau a dechrau'r saithdegau – ac mai mewn protest neu rali gan Gymdeithas yr Iaith yr oedd hynny. Fel cannoedd ar gannoedd o Gymry ifanc y cyfnod hwnnw, roedd Ieu hefyd wedi cael ei danio gan yr alwad i weithredu dros yr iaith a thros Gymru.

Cyfnod o ferw ac o fwrlwm diddiwedd oedd hwnnw; cofiaf gael trafodaeth hollol ddifrifol sawl gwaith ai'r slogan orau ar faner fyddai 'Ymlaen i'r Chwyldro' neu 'Ymlaen â'r Chwyldro'. Wir! Naïf ac anaeddfed, siŵr o fod, ond ar y pryd doedd neb ohonom yn amau na allem newid y byd, heb sôn

Ieu yr ymgyrchydd (gyda chymorth yr heddwas!)

am Gymru. I rywun 'yn ei chanol hi' ar yr adeg honno, un o'r pethau mwyaf rhyfeddol oedd y llu mawr o bobl amrywiol eu personoliaeth a'u cymeriad oedd yn cael eu ysgubo i mewn ar frig y don enfawr hon. Plant y dosbarth canol diwylliedig Cymraeg oedd llawer o gefnogwyr y Gymdeithas – pobl y 'pethe' yn aml. Ond roedd Ieu yn wahanol.

Roedd o'n wahanol mewn mwy nag un ffordd. Un o'i gas bethau oedd parchusrwydd. Nid oedd bod yn ddiplomataidd yn uchel ar ei restr o flaenoriaethau, a doedd ganddo ddim i'w ddweud wrth grefydd chwaith. Byddai rhegfeydd yn britho ei iaith, a byddai'n dweud ei feddwl yn blaen heb boeni'r un iot (yn ôl pob golwg, beth bynnag) os oedd pobl weithiau yn cymryd atynt. Dywedir weithiau mai'r argraff gyntaf o berson yw'r pwysicaf. Ond roedd Ieu yn gwrthbrofi hynny'n llwyr. Byddai rhai efallai yn cael argraff o berson garw ac anghwrtais, ond camargraff fawr fyddai hynny, oherwydd roedd pawb oedd yn dod i'w adnabod yn gweld ochr arall hollol groes – natur gymwynasgar a hynaws, ond gyda chadernid barn a safbwynt nad oedd modd ei siglo. Byddai modd cael dadl efo Ieu am bob math o bynciau, uwchben peint yn enwedig, ond os oedd yn colli dadl neu'n methu cael ei ffordd ei hun mewn pwyllgor, ni fyddai byth yn dal dig. Nid oedd pwdu yn rhan o'i natur o gwbl.

Mewn cyfnod o dair blynedd rhwng 1970 ac 1973, cefais y fraint o rannu swyddfa ganolog Cymdeithas yr Iaith efo sawl un, fel swyddogion cyflogedig: Dyfrig Siencyn, Meinir Ifans (Ffransis yn ddiweddarach), Siôn Myrddin, Meg Elis – a Ieu. Wrth ddwyn i gof y cyfnod hwnnw, mae'n anodd iawn i mi wahanu'r darlun sydd gen i o Ieu oddi wrth yr enwog 'chwyldro-gerbyd': Singer Vogue llwyd a brynwyd gan y Gymdeithas – rhywbeth na allai'r mudiad ei fforddio mewn gwirionedd, er mor rhad ydoedd, ond a oedd yn hollol hanfodol erbyn hynny. Pryn rad, pryn eilwaith meddai'r hen air, ond os oedd gwendidau peirianyddol y cerbyd wedi amlygu eu hunain yn o fuan ar ôl ei brynu, doedd prynu cerbyd newydd, drutach ddim yn opsiwn. Yr unig ateb felly oedd troi at Ieu y 'mecanic' am achubiaeth. Ar adegau byddai Ieu yn treulio mwy o amser dan fonet y car nag yn y swyddfa yn trefnu'r chwyldro – ond yn gwneud cyfraniad hanfodol bwysig yn hynny o beth, rhaid cydnabod. Ac fel y gŵyr pob mecanic, mater go ddyrys yw cael gwared o'r staeniau olew du oddi ar eich dwylo a'ch dillad.

Un gwendid eitha sylfaenol efo'r hen Singer oedd fod y glicied oedd yn dal y bonet yn ei le yn bur ansicir ei afael. Golygai hynny y gallai'r bonet godi'n sydyn ar ganol siwrnai gan ddallu'r gyrrwr yn llwyr. Roedd o'n beryg bywyd a dweud y gwir. Cofiaf yn iawn un tro, a ninnau ar frys ar ein ffordd i Gaerfyrddin i ryw achos neu'i gilydd, llond y car ohonom yn ôl yr arfer, a'r bonet yn codi'n ddirybudd yng nghanol pentref Llan-non, gyda cheir wedi eu parcio ar ochr y stryd a cherbydau yn dod i'n cyfarfod. Llwyddodd Ieu i frecio'n sydyn gan hyrddio pawb ymlaen a sgidio'n wyllt. Trwy drugaredd, doedd neb ddim gwaeth – ond fe allsai fod fel arall.

Hollol arferol oedd fod y chwyldro-gerbyd, fel y cafodd ei fathu, yn cludo hyd at chwech o bobl i rywle neu'i gilydd byth a beunydd, a'r gist yn llawn o daflenni a baneri – ac yn amlach na heb, ffrwythau ymgyrchoedd tynnu arwyddion hwyr-y-nos.

Bu ysgrifenyddion y Gymdeithas yn lletya mewn llefydd amrywiol yn Aberystwyth a'r cyffiniau yn ystod eu cyfnod yn y swydd – gan gynnwys un lle na ellir ond ei ddisgrifio fel hofel ('brothel a hofel hefyd' fel y disgrifiwyd y Rafinfa ym Mangor!). Ond erbyn cyfnod Ieu roedd un o garedigion y dref wedi trugarhau wrthym ac wedi rhoi ystafell yn eu tŷ i'r ddau ohonom. Bendith arnynt. Nid anghofiaf yr olwg o anobaith llwyr ar wyneb Mrs F. wrth iddi daflu ei golwg dros yr ystafell o dro i dro. Dillad budron ac aflerwch ofnadwy (onid oedd gennym bethau eraill ar ein meddwl?), ond ni ellir diolch digon am eu caredigrwydd a'u graslonrwydd.

(Rhwng cromfachau yma, efallai y dylid esbonio: er i mi ddefnyddio'r gair 'cyflogedig' uchod, fod 'mymryn o bres poced' yn rheitiach disgrifiad o'r swm oedd yn cyrraedd ein pocedi yn wythnosol. Mae gen i gof clir, yng nghyfnod yr 'hofel' a grybwyllwyd uchod, o geisio byw ar £7 yr wythnos. Rwy'n credu mai Ffred a gafodd y syniad athrylithgar o'i alw yn 'grant' yn hytrach na chyflog! Doedd neb ohonom yn cwyno, yng ngwres a chyffro'r frwydr, ond yn anochel roedd hi'n anodd iawn i neb aros yn hir yn y swydd, ac roedd hynny'n anffodus.)

I ddod yn ôl am eiliad at natur Ieu – y sylwadau coeglyd cyson, a'r sarhau di-ben-draw. Roedd Ieu wedi perffeithio'r grefft o sarhau, ond rhywsut neu'i gilydd roedd o hefyd wedi perffeithio'r grefft o wneud hynny yn ddi-falais. Rwy'n grediniol erbyn hyn fod pob sarhad, rywle yn isel o dan yr wyneb, yn arwydd o edmygedd a pharch. Gwaetha'n y byd oedd y sarhad, mwya'n y byd yr oedd pawb yn chwerthin (mewn embaras weithiau, rhaid cyfaddef), ond y pwynt oedd fod yna elfen gref o hiwmor a thynnu coes yno drwy gydol yr amser.

I Ieu roedd pawb ar yr un lefel; nid oedd neb yn haeddu mwy o barch na neb arall. Roedd hynny'n cynnwys pwy bynnag oedd yn gadeirydd y mudiad ar y pryd: swydd nad oedd pawb yn ei chwennych yn sicr. Cafodd un o'r cadeiryddion hynny ei gymharu gan un dyn papur newydd i broffwyd o'r Hen Destament (ac yn wir fe aeth ymlaen i fod yn weinidog). Pan fyddai'r cadeirydd arbennig hwnnw yn ffonio'r swyddfa yn Aberystwyth a Ieu yn digwydd ateb, ymateb Ieu bob tro oedd pasio'r ffôn i mi gan ddweud 'Mae Duw isio siarad efo ti'!

Ond fe ddaeth adeg pan nad oedd gan Ieu unrhyw ddewis ond cael sgwrs gall gyda'i cadeirydd – pan roddwyd gwybod iddo mai dim ond y fo oedd bellach yn rhedeg y swyddfa, gan fod pawb arall yn y carchar! Cafodd yntau ei siâr o wynebu'r awdurdodau mewn llysoedd barn: yn 1973 roedd yn un o'r criw a lusgwyd o flaen llys yr Old Bailey yn Llundain am gynllwynio i dorri mewn i un o'r sefydliadau darlledu.

Ar ôl ei ddyddiau fel cyd-ysgrifennydd (a mecanic) y Gymdeithas, dirgelwch i mi ar y pryd, fel i lawer o bobl mae'n siŵr, oedd dewis hollol fwriadol Ieu i ddychwelyd i'w hoff Rosllannerchrugog, ac i ymwrthod â'i radd o Brifysgol Abertawe er mwyn gweithio fel gyrrwr bysys yn ei hen fro. Mae hynny'n dweud llawer am ein hagweddau snobyddlyd ni, siŵr o fod. Ond fel un a benderfynodd redeg siop bentref a swyddfa bost yng nghefn gwlad Sir Drefaldwyn, medraf ddeall a chydymdeimlo â'r awydd i gyfrannu o fewn y filltir sgwâr. Dyna a wnaeth Ieu am oes gyfan, gan gefnogi popeth Cymraeg yn ei ardal ei hun. Pan oedd yr Ŵyl Gerdd Dant yn Rhos rai blynyddoedd yn ôl, roedd Ieu yn un o'r prif stiwardiaid – nid am fod ganddo unrhyw beth i'w ddweud wrth gerdd dant, ond am ei bod yn ŵyl Gymraeg a Chymreig a oedd wedi dewis anrhydeddu ei filltir sgwâr o.

Yng Ngŵyl Ryngwladol Winnipeg yng Nghanada yr oeddwn pan glywais y newyddion brawychus am farwolaeth Ieu. Roedd y pellter yn cyfrannu at y teimlad afreal. Doedd ond ychydig ddyddiau ers i mi fod yn siarad ag o yn y Fenni a dim byd o'i le, hyd y gellid gweld. Chwithdod mawr oedd mynd i ffarwelio ag o yn Amlosfa Pentrebychan ac wedyn yn yr enwog Stiwt yn Rhos. Ie, Rhosllannerchrugog – ardal gwbl unigryw a fagodd berson yr un mor unigryw. Diolch am gael ei adnabod.

Atgofion Ieu am ddechrau'r chwedegau

Dyfyniadau o *Wyt Ti'n Cofio*
Gwilym Tudur (*Y Lolfa* 1989)

Y gŵr cyfrifol (1969)

Achos Blaenau Ffestiniog oedd yr achos cyntaf imi fod
ynddo, ac roedd yn ddiddorol am sawl rheswm. Yn gyntaf
roedd popeth yn Gymraeg, ar wahân i dystiolaeth un
heddgeidwad o Abertawe a oedd yn rhoi tystiolaeth am
ddihiryn o Benmachno a oedd wedi ffoi yno.

Cyhuddwyd Huw Roberts o beintio arwyddion fel pawb
arall, ac er ei fod yn cyfaddef ei fod wedi peintio, roedd yn
gwadu yn bendant ei fod wedi cyffwrdd â'r rhai a nodwyd
yn y cyhuddiad. Y canlyniad oedd ei gael yn ddieuog, ond ni
phlesiwyd y fainc pan ofynnodd am ei frwsh a'r paent yn ôl!

Bu helynt hefyd am fod un o'r diffynyddion yn absennol
ac fe ofynnodd ei dad, a oedd yn yr oriel gyhoeddus, a gâi
ddweud gair yn ei le. Eglurodd y Clerc yn ddigon cwrtais nad
oedd efallai yn cytuno â daliadau ei fab, ac na allai ddweud
dim felly. Ateb y gwron oedd mai ef oedd yn GYFRIFOL am
ddaliadau y mab a oedd yn bresennol yn y Llys, y mab a oedd
yn absennol a'r mab a oedd i ymddangos ym Metws-y-coed

drannoeth! Eisteddodd i gymeradwyaeth y dyrfa, a chawsom wybod mai hwn oedd y Parch. Gerallt Jones, tad Dafydd Iwan ac mai hwnnw oedd ger bron ym Metws-y-coed, sef yr achos, wrth gwrs, a arweiniodd yn y diwedd at garcharu Dafydd Iwan pan fu protestio ledled Cymru.

Yr ymgyrch bysgota (1972)

Pasiwyd yng Nghyfarfod Cyffredinol 1971 bod y Gymdeithas yn mynd ati i gynnal 'pysgotiadau' ar afonydd lle roedd yr hawliau pysgota yn nwylo estroniaid, a'r bobl leol yn cael eu gwahardd. Credaf mai Robat Gruffydd, Ysw, oedd y cynigydd, a bu rhyw sôn am dorri gwialen o'r gwrych. Darn o linyn a phin wedi plygu.

Yr unig dro y cofiaf i ddim ddigwydd yn yr ymgyrch oedd pan gynhaliwyd 'pysgotiad' yn Llangadog, a does gennyf ddim cof o'r dyddiad, dim ond ei bod yn ddiwrnod braf iawn. [Mae'n debyg i Ieu anghofio i'r un peth ddigwydd ar afon Lledr ger Dolwyddelan ond y tro hwnnw roedd eira ar y caeau ac ymyl yr afon wedi rhewi – Gol.] Mae'n siŵr bod gan Guto Prys [ap Gwynfor] rywbeth i'w wneud â'r trefniadau, oherwydd credaf ei fod ar y Grŵp Cefn Gwlad. Roedd dipyn yn bresennol, ond dim ond dau neu dri o fois y Gymdeithas a chwpl o fechgyn lleol oedd ag unrhyw syniad am y grefft, felly cafodd y gweddill ohonom seibiant braf ar lan yr afon yn gwylio natur ac anifeiliaid gwyllt, fel y beili oedd yn sbio arnom ni o'r ochr draw.

Wedi diwrnod blinedig felly, naturiol oedd troi am y dafarn fin nos, heb ddal dim wrth gwrs, ac yno fe aeth yn drafodaeth rhwng y bechgyn lleol ac aelodau'r Gymdeithas am bysgota. Yn anffodus, roeddynt wedi pigo ar rai wedi arfer mwy efo sgodyn mewn papur newydd nag afon, a phan ddeallwyd hynny aeth yn ddadl boeth am bobl a oedd yn ymgymryd â physgota heb wybod dim am y busnes. Efallai mai dyna pam na chynhaliwyd dim mwy, ond roedd yn biti braidd oherwydd roedd yn ffordd hamddenol braf o weithredu a dipyn llai o helynt nag ymgyrchoedd eraill.

Y swyddfa gyntaf: sefydliad unigryw (1973)

Ni fyddai unrhyw hanes o'r Gymdeithas yn gyflawn heb sôn am y sefydliad unigryw hwn. Fel y gŵyr pawb, roedd yr un go iawn uwchben Siop Lyfrau enwocaf Cymru (na, nid y Pentan!). Fy ymweliad cyntaf i mi gofio oedd ar y ffordd i lawr i ryw rali yng Nghaerfyrddin. Roeddwn wedi bod mewn rhyw gyfarfod yng Nghapel Garmon y noson cynt, ac am ryw reswm gwirion yn mynd â'r bonwr Ffrederic Seffton Ffransis i lawr yn hwyr y nos. Nid oedd yn bleser mawr gyrru o gwbl, ond roedd arferion hynod y gwallgofddyn hwnnw o roi ei ddwylo dros fy llygaid o'r cefn, neu wthio sedd y car ymlaen nes bod fy nhrwyn ar y sgrin a'm bol ar yr olwyn, yn ychwanegu rhyw antur i'r siwrne. Cyrraedd Aber yn yr oriau mân, a cheisio cysgu ar lawr oer a chaled y Swyddfa. OND roedd Ffred am barhau i'n difyrru, ac fe gawsom ryw awr bach yng nghwmni rhyw ganwr Americanaidd o'r enw Irving Presley neu rywbeth. Ymhen hir a hwyr, fe benderfynodd nad oedd modd cysgu yn y Swyddfa, ac aeth i ffwrdd i gysgu yn y car gan ein gadael mewn heddwch am dair awr gyfan cyn dychwelyd i ddweud bod yn rhaid cychwyn ar unwaith.

Efallai bod hyn yn gyflwyniad digon teg i'r Swyddfa, oherwydd bûm yno yn oriau mân sawl bore ar ôl hynny. Doedd arfer un cadeirydd (na fyddai'n ddoeth ei enwi, oherwydd mae'n weinidog parchus y dyddiau yma ac yn bwysig gydag C.N.D. Cymru) o ffonio am un a dau y bore ddim yn gymorth. Roedd ganddo ddull arbennig ar y ffôn, ac nid oedd yn cael ei blesio rhyw lawer pan alwn Arfon (Gwilym) trwy ddweud fod duw isio gair. Ond ei neges orau oedd pan gyflogid tri ohonom, Meinir (Ifans), Arfon a fi. Roedd Meinir i mewn am rywbeth yn barod, a chriw wedi mynd i lawr i Lundain i'r achos, pan ddaeth G ar y ffôn a dweud, 'Ti ydi'r unig Ysgrifennydd sydd ar ôl!' Roedd Arfon a rhyw hanner llond bws wedi eu harestio.

Roedd yr oriau hwyr yn gymorth i un gŵr, oherwydd wrth fynd o'r Swyddfa byddem yn sicrhau bod y 'landlord' yn deall bod siopau eraill Aber wedi cau ers rhyw chwe neu saith awr, a'i bod yn amser iddo roi'r gorau i gyfri ei bres, a mynd adre at ei wraig.

Ar wahân i unrhyw ymgyrchoedd, roedd un diwrnod mawr bob mis (fwy neu lai) pan ffoniai Gwasg y Lolfa, a dweud bod y Tafod yn barod. Y broblem wedyn oedd cael pobl i fyny i Dal-y-bont i'w blygu, os oedd yn wyliau ar y myfyrwyr neu yn adeg arholiadau. Wedi cael rhywfaint, eid ati wedyn ar ôl i'r Lolfa gau i blygu rhyw 2,000, a mwy adeg Steddfod. Hynny yw, hel y dalennau at ei gilydd yn eu trefn gywir, eu plygu yn eu hanner a rhoi stwffwl trwyddynt. Yn ei haelioni, byddai perchennog y wasg yn aml yn dod â lluniaeth gydag ef o'r Llew Gwyn, ac os byddem yn gorffen yn fuan caem fynd yno cyn amser cau. Y diwrnod canlynol roedd yn rhaid cael y cwbl yn barod i'w bostio, a'r ras fyddai cyrraedd Swyddfa'r Post cyn 5.30, pan oedd y post olaf yn mynd. Roedd pobl yn tyrru i weld Arfon Gwilym yn neidio i lawr y grisiau o'r ail lawr, ac yn rasio ar hyd y stryd gyda bocs o amlenni o dan bob braich.

Rhaid hefyd sôn am y 'Chwyldrogerbyd', sef 'Singer Vogue' a brynodd y Gymdeithas pan oedd mwy o bres nag arfer yn y Gronfa. Amcangyfrifais bod y car hwnnw wedi gwneud 50,000 mewn deunaw mis. Nid oedd y mesurydd milltiroedd yn gweithio wrth gwrs, ond er gwaethaf yr holl bobl a oedd yn darogan gwae, fe lwyddodd i gyrraedd pen ei daith bob tro, a hynny'n aml gyda chwech o bobl, y bŵt yn llawn o daflenni a bocs ar y to hefyd yn llawn. Roedd ganddo arferiad hynod o agor y bonet wrth fynd ar sbid, ac ni ellid dibynnu ar y 'clutch' am gyfnod. Wedi i mi adael, cefais fy siomi'n arw wrth glywed ei fod wedi ei werthu'n ddiseremoni mewn ocsiwn.

Y 'Ceiliog' (1973)

Bu'r Gymdeithas wrthi am flynyddoedd yn ceisio darlledu yn anghyfreithlon. Bedyddiwyd yr offer yn 'Geiliog', a'r un cyntaf oedd un a ddefnyddiwyd gan y Blaid yn eu hymgyrch hwy flynyddoedd ynghynt. Tra oedd yr achos darlledu mawr yn yr Wyddgrug ym 1971, penderfynwyd defnyddio hwn, ond pan aethpwyd ati'n hwyr y nos i'w osod yn barod i ddarlledu ar y teledu wedi i'r rhaglenni eraill orffen, roedd wedi ei gloi ym mŵt car Dyfrig Siencyn a hwnnw wedi colli'r goriadau.

Buom wrthi wedyn yn cerdded strydoedd yr Wyddgrug yn chwilio am y goriadau, gan obeithio na ddoi'r heddlu i holi. (Am ryw reswm, roedd pobl yn poeni llawer mwy am ddarlledu nag am weithredoedd eraill a oedd, mae'n siŵr, yn fwy difrifol.) Cawsom y goriadau, a mynd ati i ddarlledu, tra bod rhywun yn gwrando ar y teledu drws nesaf – ond erbyn y diwedd nid oedd ef, hyd yn oed, wedi clywed gair.

Gwnaethpwyd tipyn o ymchwil wedyn, a phrynu offer cymharol ddrud, ond un broblem oedd mai ar y donfedd ganol y ceisiem ddarlledu, oherwydd peth prin iawn oedd radio VHF yn y dyddiau hynny.

Erbyn trefnu diwrnod o gyfathrebu yn ardal Llandysul, roedd y ceiliog newydd yn gweithio'n weddol, er y bu'n rhaid ei symud yn nes i'r pentref na'r lleoliad gwreiddiol. Problem fawr arall oedd bod yn rhaid cyhoeddi y byddem yn darlledu, gydag amser a lleoliad, felly roedd Swyddfa'r Post a'r heddlu'n barod. Trwy droi set radio cyffredin, gallent ddweud o ble roedd y trosglwyddo'n dod, ac fe aethant i mewn i'r tŷ – ond fe gafwyd digon o rybudd i'r ceiliog fynd allan drwy'r drws cefn fel yr oeddynt yn mynd i mewn trwy'r drws ffrynt. Yno y bu am oriau, ym môn gwrych gyda phawb ohonom yn gwneud ein gorau glas i beidio ag edrych i'r cyfeiriad tan y nos, pan aeth dau gariad am dro a'i gasglu. Ond o leiaf roedd wedi darlledu, ac yn glir iawn hefyd.

Wedyn y gynhadledd yng Nghaerdydd. Y trefniant oedd bod Cynhadledd i'r Wasg yng ngwesty'r 'Park', y ceiliog mewn tŷ gweddol agos, a minnau i wrando ar radio y tu allan i ystafell y gynhadledd tan y clywn y neges, ac yna mynd â'r radio i mewn i'r gynhadledd. Syniad gwych am gyhoeddusrwydd – petai wedi gweithio. Ar waethaf pob troi a throsi a dyrnu ar y radio, ni chlywn ddim!

Eisteddfodau a theithiau tramor

ARTHUR THOMAS

Dros y blynyddoedd, mwynheais gwmni Ieu mewn sawl Steddfod Genedlaethol, a hynny o ddechrau'r saithdegau ymlaen. Byddem yn gwersylla am wythnos, fel arfer, ond fel y daeth Ieu yn fwy caeth i oriau gwaith gyda'r cwmnïau bysys y bu'n gweithio iddynt, fe'i câi hi'n fwy anodd i gael yr wythnos gyfan i ffwrdd – a hynny am fod y gyrwyr eraill am fynd ar eu gwyliau yn ystod yr un cyfnod.

Mae llawer hanesyn yn aros yn y cof. Yn Steddfod Rhuthun, bu'n rhaid codi pabell anferth, un a lechai yng nghefn fan Gruff Meils. Ond erbyn i'r criw gyrraedd, yr oedd y sesiwn wedi cychwyn a phawb yn bwrw iddi heb boeni am godi'r babell. Felly, yn oriau mân y bore, gyda chryn weiddi cyfarwyddiadau i gyfeiliant rhegfeydd Ieu, y codwyd hi. Yn y bore, rhyfeddwyd at y ffaith iddi gael ei chodi rhwng pebyll eraill gyda'r lle rhyngddynt mor gul fel na fyddem wedi mentro ar y dasg yng ngolau dydd a heb ddylanwad y cwrw.

Un o 'drigolion' y babell oedd Elfed Lewys, un a oedd yn aml yn destun sylwadau gwrth-grefyddol gan Ieu. Ar y nos Sadwrn olaf, a hithau wedi bod yn sesiwn hwyr iawn i 'gloi'r'

Steddfod, dywedodd Elfed fod yn rhaid iddo godi'n fore am ei fod yn pregethu yn rhywle yn Sir Drefaldwyn ar y bore Sul hwnnw.

Cafodd pawb eu deffro ar awr annaearol o fore, nid yn gymaint gan Elfed yn symud, ond gan floedd dros y lle gan Ieu:

'Dwi ddim yn lecio cael fy neffro gan rhyw gythraul crefyddol!'

Mae amryw o Steddfodau'n dod i'r cof ac er i mi golli ambell un am wahanol resymau, dwi ddim yn meddwl i Ieu golli yr un – hyd yn oed os oedd ond yn aros dau ddiwrnod neu, fel y gwneuthum innau yn y Bala – dod yno ar y bws.

Ers sefydlu'r bar ar y Maes, byddwn yn cyfarfod Ieu yno fel arfer, er yn y Fenni, ym mhabell Prifysgol Abertawe ddaru ni gyfarfod ar y dydd Iau – a hynny am fod 'derbyniad' yno, neu mewn geiriau eraill, diod am ddim. Yna crwydro i'r bar am sesiwn. Er y byddai grwpiau yn chwarae ar y llwyfan perfformio, sgwrs oedd pethau Ieu a doedd dim yn well ganddo na chael criw o gwmpas y bwrdd yn sgwrsio. Yr adegau hynny, byddai yn ei elfen, yn enwedig pan fyddai ambell un yn tynnu arno.

Pan oedd y Steddfod yn Wrecsam y tro diwethaf, yr oeddwn yn aros yn nhŷ Ieu am rai nosweithiau. Teg fyddai dweud nad oedd cadw tŷ yn drefnus yn un o'i flaenoriaethau. Yr hyn a wnaeth oedd rhoi dillad gwely yn fy mreichiau a dangos y llofft i mi. Fy nghyfrifoldeb i oedd clirio'r llyfrau oddi ar y gwely ac agor llwybr drwy'r llyfrau ar y llawr er mwyn mynd a dod o'r gwely. Yr oedd Ieu yn andros o ddarllenwr, gyda'r llofftydd yn gwegian dan bwysau'r holl lyfrau amrywiol, Cymraeg a Saesneg.

Cofiaf aros yn ei gartref pan oedd Steddfod yr Urdd ym

Mro Maelor ym 1996. Yr oedd ei dad yn fyw yr adeg honno ac yno yr arhoswn gyda hwy. Ar y nos Wener, yr oedd noson yn y Clwb Rygbi yn Wrecsam, noson gyda'r Moniars yn chwarae yno os y cofiaf yn iawn. Roeddwn wedi cyfarfod Carey cyn hynny, hi a fyddai'n bartner ffyddlon iddo at y diwedd, ond adeg Steddfod Bro Maelor doeddwn heb ddeall fod y berthynas wedi datblygu o ddifrif.

Tua un ar ddeg, gyda'r lle yn llawn hwyl a'r cwrw yn llifo, dyma Ieu yn troi ataf ac yn dweud;

'Dwi ddim yn dod adre heno, dwi'n aros efo Carey yn Wrecsam.'

'Be uffarn dwi i fod i neud?' holais.

'O, mae'n iawn, dwi 'di trefnu lifft adre i ti – ond paid â deud wrth Dad lle dwi'n aros heno.'

'Wel, be dwi i fod i ddweud wrtho, ta?'

'Deud unrhyw beth heblaw mod i'n aros efo Carey.' Wnes i ddim sylweddoli tan wedyn nad oedd Ieu eisiau i'w dad boeni ei fod am gael ei adael i fyw ar ei ben ei hun. Ofni brifo ei deimladau yr oedd Ieu.

Beth bynnag, cyrhaeddais yn ôl yn saff yn y tŷ yn Rhos. Yn y bore, wrth gael paned efo fo, holodd ei dad:

'Ble mae o?'

Cofiais rybudd Ieu ac felly dyma fi'n dweud:

'Stori drist. Mi gaethom ni andros o noson fawr neithiwr ac mi gafodd Ieu ei gadw i mewn dros nos gan yr heddlu.'

Unig ymateb ei dad oedd – 'Wel y diawl gwirion!'

Es i Faes y Steddfod a thra'n sefyll y tu allan i ryw stondin tua amser cinio, mi welwn Ieu yn brasgamu tuag ataf drwy ganol yr eisteddfodwyr parchus a chyn iddo fo 'nghyrraedd, deuai rhes o regfeydd aneisteddfodol a oedd yn siŵr o beri i Syr Ifan ab Owen Edwards droi yn ei fedd:

'Y bastad, be ffwc oeddet ti'n deud hynna wrth Dad?'

'Wel,' atebais, 'chdi ddudodd wrtha'i am ddeud unrhyw beth heblaw mod i'n aros efo Carey!'

Dros y blynyddoedd, byddai Ieu yn adrodd yr hanes wrth eraill yn fy ngŵydd ond yr oedd wedi hen faddau i mi erbyn hynny, er y rhoddai argraff wahanol yn y deud.

Bûm yn teithio i Iwerddon lawer gwaith. Un tro, aethom yn griw i Rathcairn, ardal Wyddeleg ei hiaith ryw ddeugain milltir o Ddulyn. Yno, cynhaliwyd cynhadledd ar Ieithoedd Celtaidd ond fe aeth yn esgus, fel pob taith arall i'r Ynys Werdd, am ddim mwy na sesiwn ar y Ginis a mwynhau'r gerddoriaeth. Yn ystod un prynhawn, daeth Ieu â'r syniad o sgwennu llythyr i'r *Faner* – rhywbeth roedd nifer yn ei wneud yn y cyfnod hwnnw, llythyrau doniol fel arfer. Yr oedd Ieu yn flin fod y banciau ar Faes yr Eisteddfod wedi stopio rhoi paned am ddim (rhoddwyd y gorau ganddynt i roi ffags am ddim ychydig cyn hynny a doedd hwnnw ddim yn syniad a oedd yn plesio Ieu chwaith).

Dyma sgwennu llythyr yn enw rhyw Dad Pabyddol dychmygol a oedd wrthi'n dysgu Cymraeg. Mae'r copi gwreiddiol yn dal yn fy meddiant:

Annwyl Syr (wedi ei groesi i ffwrdd – credai Ieu fod y cyfarchiad Gwyddeleg yn fwy addas, ac yn fwy credadwy!)

A Chara,

Yr wyf fi yn dod i'r Eisteddfod Genedlaethol ers y mae hi yn Rhydaman. Yr wyf fi yn ddim yn yfed ond yr wyf yn yfed te. Yr wyf yn arferiad gennyf fi eistedd am te yn Banc yn y maes yr Eisteddfod. Yr wyf eleni wedi heb cael te yn yr pedair Banc. Yr wyf yn teimlo yn y calon oes nac oes te yn Banc. Yr mae hyn yn peth Celtaidd. Yr wyf fi ac gobaith –

[*Gol: yma gan ei bod hi'n dro iddo godi rownd, collodd ei amynedd a gorffennwyd y llythyr fel hyn –*]

bod chwi deall y llythyr ac y byddwch yn dwyn pwysau cyfansoddiadol ar y sefydliadau cyfalafol rhyngwladol hyn i wyrdroi y sefyllfa echrydus a thruenus ddi-groeso sydd yn bodoli ar hyn o bryd

[*Gol: ond ar ôl cario'r peintiau o'r bar a thanio ffag, dyma newid y diweddglo i hyn:*]

bod chwi deall y llythyr ond y mae y peth gwell yn Wrecsam.

> Yn yr haul,
> Fr Sean Mithoeada
> Ty Bheag,
> Ceathra Rua
> Conamara

Fel hynny, yn ei ffurf ddiwygiedig, yr ymddangosodd y llythyr yn y *Faner*.

Y tro diwethaf i mi deithio i Iwerddon efo Ieu oedd i gêm rygbi. Aethom mewn awyren fach o faes awyr Caernarfon: tri ohonom a'r peilot. Gan fod y gwynt yn eithriadol o gryf ac wedi creu hafoc gyda'r llongau o Gaergybi, doedd Ieu ddim yn rhy siŵr o'r daith enbyd a wynebai ac fe'i gwelais yn smocio un ffag ar ôl y llall, pump ohonynt, cyn mynd ar yr awyren. Ni chofiaf Ieu mor ddistaw erioed! Wrth i'r gwynt siglo'r awyren fechan, sythodd Ieu yn ei sedd cyn i'r rhesi rhegfeydd hir-ddisgwyliedig droi yr awyr yn gochach na'r hyn a fyddai oherwydd y storm! Wedi cyrraedd yn ôl i Gaernarfon ar ddiwedd y penwythnos, ei ymateb oedd:

'Paid â ffycin meddwl mod i'n mynd efo hon eto!'

A wnaeth o ddim, chwaith.

Ieu a Merfyn Williams – y ddau bellach wedi ein gadael

Aethom ar ambell daith i Ewrop, hefyd. Cynhelid cwrs ar y 'Celtiaid' yn flynyddol gan Merfyn Williams (oedd gyda'r ddau ohonom yn Abertawe). O'r cyrsiau hynny y cododd y syniad o deithio i ddwyrain Ewrop er mwyn gweld olion Celtaidd. Y daith gyntaf oedd un i Awstria ond methais â mynd ar y daith honno. Y flwyddyn ganlynol, trefnwyd taith i'r Weriniaeth Tsiec (neu Tsiecoslofacia fel yr oedd bryd hynny). Gan ei bod yn wyliau ysgol, gallwn fynd ar y daith.

Yr oedd gennym ŵr ifanc o'r enw Tomas yn dywysydd, ac fe fethai'n glir â deall pam fod gan griw o 'archaeolegwyr' fwy o ddiddordeb mewn pensaernïaeth tafarnau na'r olion Celtaidd! Ond yn fuan iawn, daeth i'n deall a mwynhau'r hwyl. Yn ystod y daith honno, aeth Ieu i dipyn o ddŵr poeth. Yr oeddem ein dau mewn tafarn mewn tref yn ne Bohemia

ac aeth Ieu ati i ddangos sut roedd enw'r cwmni teithio
'Cedok' (ond gyda'r k fel R) yn ymdebygu i enw anweddus
yn y Gymraeg.

Bu'n rhaid i mi achub ei groen gan fod un o'r gwrandawyr
yn gweithio i'r cwmni a doedd o ddim yn hapus iawn fod
Ieu yn awgrymu fod enw anweddus ar y cwmni! Yn y
diwedd, llusgais ef o'r dafarn am nad oedd wedi sylweddoli
fod y dyn a weithiai i'r cwmni wedi gwylltio efo fo ac yn
bygwth rhoi cweir iddo. Yn groes i'w synnwyr arferol, doedd
Ieu ddim wedi deall fod y sefyllfa cynddrwg – effaith y cwrw
o bosib.

   Yr oeddem yn aros mewn gwesty wrth rhyw lyn. O flaen
y gwesty yn gynnar un bore yr oedd dau ddyn a dynes yn
torri gwair efo pladuriau. Ar ddiwedd noson hwyr iawn a
oedd wedi bod yn dipyn o sesiwn cafwyd y syniad o roi 'help
llaw' i'r amaethwyr a fu wrthi'n pladuro y bore hwnnw. Yr
oedd y gwair wedi cynaeafu yn yr haul poeth, felly aeth
Gerallt, Ieu a minnau ati i hel y gwair yn fydylau ac wedyn
codi'r mydylau yn heulogydd. Gan nad oedd Ieu, yn nhyb

Gerallt a minnau, yn gwybod dim am hel gwair, cafodd y sac a'i hel yn ôl i'r gwesty dan ein rhegi dros y lle. Afraid dweud nad oedd yr amaethwyr yn gwerthfawrogi'r 'cymorth' a gawsant, ac erbyn i ni godi, yr oedd y gwair wedi ei daenu dros y cae unwaith eto!

Efallai mai'r daith ryfeddaf un oedd honno i Rwsia ym 1983. Fel arfer, byddem yn cyfarfod am beint ar ddechrau Ionawr ac yn trafod tripiau posib. Yr adeg honno, byddai cyhoeddiad o'r enw *Soviet Weekly* yn cael ei ddosbarthu gan Lysgenhadaeth yr Undeb Sofietaidd i bob ysgol am ddim. Ynddo y gwelais fod yr 'Huddersfield and District Trade Union Congress' yn trefnu trip tair wythnos i Rwsia, a hynny am bris rhesymol iawn. Felly, dyma benderfynu ymuno â nhw. Yn y diwedd aeth saith ohonom ar y trip – Gerallt (Tudor) o Gorwen, Alun (Bryneglwys), Steffan (o Blaenau), Jac Lloyd, Clwyd Êl a minnau o Benmachno a Ieu. Gan ei fod yn sosialydd o argyhoeddiad, yr oedd gan Ieu ddiddordeb mawr yn y daith honno.

Yn fras, bws i Bwdapest a thrên i Leningrad (St. Petersburg heddiw), aros yno am rai dyddiau yna trên i Murmansk yn yr Arctig ac wedyn yn ôl i Leningrad am rai dyddiau. Wrth fynd am Murmansk, doedd dim oll ond coed pîn i'w gweld ar ochr y lein ond roedd gan Ieu ddamcaniaeth am hynny. Yn ôl Ieu, roedd y coed yn sownd i dryc hir, isel, a hwnnw ar olwynion yn sownd i du blaen a thu ôl y trên fel ei fod yn symud gyda ni. Pwrpas hynny, yn ôl Ieu, oedd rhwystro rhywun rhag gweld beth yn union oedd yr ochr arall! Rhywsut, doedd neb yn derbyn ei ddamcaniaeth, chwaith!

Yn Leningrad yr oeddem yn aros mewn gwesty deg (neu

ddeuddeg) llawr. Yr oedd Ieu wedi sylwi fod bar ar nifer o'r lloriau felly dyma dreulio un noson yn mynd i ben y gwesty yna gweithio'n ffordd i lawr gan gael peint ym mhob bar.

Ar y llawr isaf, yr oedd bar a arhosai'n agored ar ôl i'r lleill gau. Hwn oedd yr 'hard currency bar', sef bar a dderbyniai bres gorllewinol yn unig – a dim ond papurau. Hynny yw, os nad oedd y rownd yn dod yn union i'r bunt yr oeddech yn cael fferins fel 'newid'. Wrth i'r noson fynd rhagddi, roedd y 'newid' yn hel ar y bwrdd.

Pan oeddwn ar fy ffordd yn ôl o'r tŷ bach, stopiais i siarad gyda rhai o Wlad y Basg oedd yn aros yn y gwesty. Dros y sgwrs, clywais floedd o gornel y bar:

'Clwyd Êl, ti'n byta'r blydi newid!'

Doedd dim angen gofyn pwy oedd bia'r llais!

Mwy o hiwmor Ieu a'r tynnu coes

ARTHUR THOMAS

Hwyl y cardiau post

Ar ddechrau'r saithdegau, aeth tri ohonom am wyliau i Iwerddon. Yr oedd Ieu i fod i ddod gyda ni, ond fel Ysgrifennydd Cymdeithas yr Iaith yr oedd yn brysur yn paratoi ar gyfer wythnos yr Eisteddfod Genedlaethol. Wrth gael peint neu ddau mewn tafarn yng Nghonamara, gwelsom gardiau post ar werth ar y bar. Un cerdyn yn eu mysg oedd llun mul a dyma gael y syniad i yrru un i Ieu, gan sgwennu rhyw sylw arno mewn swigen o'i geg. Gallwch ddychmygu'r ymateb pan welais Ieu yn yr Eisteddfod! Bob tro y byddwn yn mynd i'r Ynys Werdd byddwn yn anfon cerdyn post â llun mul iddo – yr un cerdyn o'r un mul bob tro, gan ychwanegu geiriau o geg y mul, rhywbeth fel:

'Sut wyt ti, uffen?' neu 'Cyfarchion gan dy frawd!'

Wrth gwrs, pan ddechreuodd Ieu fynd i'r Ŵyl Ban Geltaidd a gynhelid yr adeg hynny yn ystod tymor ysgol, byddai cerdyn mul yn siŵr o gyrraedd acw gyda rhyw sylw gan Ieu arno. Yr un mul yn union. Weithiau, byddai marc cwestiwn yn unig ar gefn y cerdyn, dro arall rhyw sylw nodweddiadol. Ambell dro, deuai cerdyn o wledydd eraill pan âi ar wyliau, a llwyddai i ganfod llun mul bob tro! Dyma'r mul o Iwerddon, a dyma rai o'r cardiau:

Y mul ar y cerdyn gwreiddiol o Iwerddon

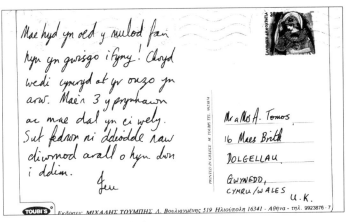

O Groeg y tro yma

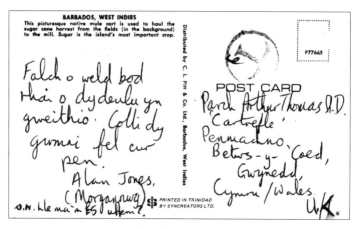

BARBADOS, WEST INDIES
This picturesque native mule cart is used to haul the
sugar cane harvest from the fields (in the background)
to the mill. Sugar is the island's most important crop.

Falch o weld bod
rhai o dydenlu yn
gweithio. Colli dy
gwmni fel cur
pen.
Alan Jones.
(Morgannwg)
D.N. Lle mae'n ES wtim?

Distributed by C. L. Pitt & Co. Ltd., Barbados, West Indies

POST CARD

Parch Arthur Thomas A.D.
'Cartrefle'
Penmachno.
Betws-y-Coed,
Gwynedd,
Cymru/Wales.
U.K.

PRINTED IN TRINIDAD
BY SYNCREATORS LTD.

A mul o Barbados

Cerdyn yn fy ngalw i ddathliad:

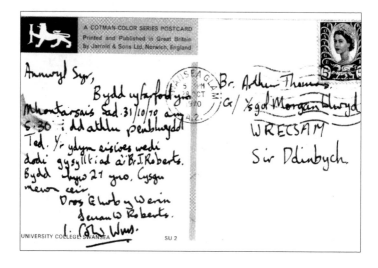

A COTMAN-COLOR SERIES POSTCARD
Printed and Published in Great Britain
by Jarrold & Sons Ltd, Norwich, England

Annwyl Syr,
Bydd ufafod yn
Mhontarsais ddad. 31/10/70 am
5.30 i ddathlu penblwydd
Ted. Yr ydym eisioes wedi
dodi gysylltiad a'i Br. J. Roberts.
Bydd hyw 21 yno. Cysgu
mewn ceir
Dros Glwb y Werin
Susan W Roberts.
i. Cohn Wms.

Br. Arthur Thomas
G/ %sgol Morgan Llwyd
WRECSAM
Sir Ddinbych.

UNIVERSITY COLLEGE SWANSEA   SU 2

Wedi i Elen gael ei geni, byddai
ambell gerdyn yn dod iddi hi,
fel hwn o Ynysoedd y Canarias
– llun mul oedd ar hwnnw eto,
mul o'r Ynysoedd hynny:

Cerdyn i Elen

Byddai cerdyn Nadolig yn dod yn flynyddol ganddo i Elen, ac arno ambell sylw fel 'cofia fi at yr hen bobl' neu amrywiaeth o hynny. Dyma un ohonynt:

Hwyl Dros y 'Dolig

i Elen
Oddiwrth Ieu Rhos
Diolch i dy tam am y cerdyn a cofia fi at y dyn hyll ne syn byw acw (os ydio ddigonsobor i sylwi)

Ieu oedd o, a fyddai gyrru cerdyn arferol, heb sylw difyr, ddim yn rhan o'i gymeriad.

Cymdeithas Seithenyn

Yn ystod un cyfarfod neu rali Cymdeithas yr Iaith, cyfeiriai un siaradwr drwy'r amser at Seithenyn a'i esgeulustod. Teimlai Ieu fod yr hen Seithenyn wedi cael cam am mai'r cwbl a wnaeth oedd mynd ar y cwrw! Felly, o dan ei anogaeth, aeth criw bach ati i ffurfio 'Cymdeithas Seithennyn' er mwyn cynnal 'gwerthoedd' Seithenyn a chyfarfod yn achlysurol er mwyn gwneud hynny. Arwyddair y Gymdeithas oedd 'Gwell cwrw na gwaith'.

Byrhoedlog fu bodolaeth y 'gymdeithas' hon. Eithr pan

gynhaliwyd Ysgol Basg Cymdeithas yr Iaith yng Nghrymych, cafwyd un prynhawn rhydd ac fe benderfynodd aelodau Cymdeithas Seithenyn ymgynnull yn un o'r tafarnau lleol. Ond nid Ieu. Oherwydd fod ei sgidiau yn disgyn yn ddarnau braidd, aeth i dref Aberteifi i brynu pâr newydd. Yn ei absenoldeb, diarddelwyd ef o Gymdeithas Seithenyn ac wedi iddo gyrraedd yn ôl, hysbyswyd ef o'r ffaith. Gellir dychmygu ei ymateb! Cwynodd nad oedd y cyfarfod wedi ei hysbysebu'n iawn i'r holl aelodau. Ond ni châi ei dderbyn yn ôl. Felly, aeth ati i ffurfio Cymdeithas Seithenyn Ddarpariaethol yn union fel y bu i'r I.R.A. wahanu yn Iwerddon. Yn anffodus, dim ond un aelod oedd i'r gymdeithas 'ddarpariaethol'!

Daeth y cwbl i ben ychydig fisoedd wedyn, ond yn ystod y cyfnod, cawsom weld Ieu yn ei holl hwyliau a'i hiwmor.

'Ti byth wedi dysgu dy eirie, dwi'n gweld'

DAFYDD IWAN

Pan fyddwn yn mynd i rywle yng nghyffiniau Wrecsam neu'r Rhos, mi wyddwn y byddai Ieu yno. Ac mi fyddai ei gyfarchiad bob tro rywbeth yn debyg. Yn y Saith Seren y byddwn yn ei weld gan amla dros y blynyddoedd diwethaf hyn, ac yno y byddai yn stelcian wrth y bar; ddwedai o ddim am sbel, ond yna byddai'n ymlwybro i 'nghyfeiriad i a dechrau arni:

'Ti byth wedi dysgu dy eirie dwi'n gweld', wrth imi osod fy stondin. 'Ydi hanner can mlynedd ddim digon iti dwed, neu ydi'r co yn dechre pallu? Ti isio peint? Ddim bo fi ar dân isio prynu dim iti chwaith, 'nest ti rioed brynu un i mi. Na, dwi'n deud celwydd – mi brynest ti un imi yn Nulyn unweth yn nyintin sefnti êt, os dwi'n cofio'n iawn.'

Ac fel yna y byddai Ieu yn torri'r garw, ond wedi rhai munudau o dynnu coes yn ei ddull a'i dafodiaith ddihafal, byddai'n gwneud rhyw sylw bachog am wleidyddiaeth y dydd, neu am gamwri rhyw wleidydd mwy gwantan na'i gilydd, neu'n gofyn fy marn am rywbeth yn ymwneud â'r iaith, neu'r Blaid, neu Senedd Caerdydd. Roedd Ieu Rhos yn byw i wleidyddiaeth y bobol a'r stryd; doedd ganddo ddim

Ar y cwch i Iwerddon

i'w ddweud wrth wleidydda pleidiol, ond mi fyddech yn gwybod bob amser ym mhle y safai. Ac yr oedd ar dân dros yr achos.

Doedd neb yn fwy triw, na neb yn fwy ffyddlon na Ieu; mi allech ddibynnu ar ei gefnogaeth, ond ichi fod yn barod am lifeiriant o eiriau lliwgar ar y ffordd. Ie, geiriau lliwgar a garw oedd ei eiriau, ond roedden nhw'n cuddio calon o aur. Roeddwn yn ei nabod ers dyddiau difyr ymgyrchoedd cynnar Cymdeithas yr Iaith, ac wedi hen arfer â'i hiwmor a'i herian di-ball. A thros y degawdau, roedd Ieu yn siŵr o ymddangos ble bynnag y byddai protest neu rali neu ddigwyddiad yn ymwneud â Chymru, neu'r iaith, neu anghyfiawnder cymdeithasol; os nad oedd Ieu Rhos yno, roedd rhywbeth yn bod. Roedd ei bresenoldeb a'i gymeriad unigryw yn rhan annatod o'r achos, a bydd yn wag iawn hebddo.

Pan gyhoeddwyd fy llyfr *Cân dros Gymru*, sylwodd Ieu fod llun ynddo a dynnwyd gan Gerallt Llewelyn o griw ohonom yn croesi i Ddulyn i wylio gêm rygbi, ac yntau yn amlwg iawn ar flaen y llun. Bob tro y gwelai o fi wedi hynny, roedd yn bygwth mynd â fi i gyfraith am ddefnyddio ei lun heb ei ganiatâd, ac yr oedd yn hawlio cyfran o'r miliynau ro'n i'n siŵr o fod wedi ei wneud o werthiant y llyfr. Doedd dim pall ar ei fygythiadau digri. Y tro dwetha imi ei weld oedd mewn tafarn adeg Steddfod y Fenni, ac yr oedd i'w weld mewn hwyliau da, er efallai ychydig bach yn fwy tawedog nag arfer. Wedi i'r ddau ohonom gyfnewid tipyn o dynnu blew, mi dynnodd fi i'r neilltu a dweud, 'Ma gin i rwbeth i ddeud wrthot ti; dwi isio ymddiheuro iti.' 'Ymddiheuro? Am be dwed?' meddwn innau, wedi synnu â dweud y lleia. 'Am bopeth,' meddai yntau.

Bu'r geiriau annisgwyl yn troi yn fy mhen drwy'r nos y noson honno, a minnau'n methu dirnad beth oedd y tu ôl i eiriau'r rebel o'r Rhos. Pan glywais y newydd syfrdanol am ei farw yr wythnos ganlynol, daeth ei eiriau yn ôl fel ergyd o wn. Doedd dim angen iti ymddiheuro i neb, Ieu, a bydd Cymru'n lle rhyfedd ar y naw hebddot ti.

Cartŵn Elwyn Ioan am garchariad aelodau'r Gymdeithas ar ddechrau'r saithdegau

Atgofion 'Lil o'r Rhyl'

LILIAN EDWARDS

Dydw i ddim yn cofio pryd 'nes i gyfarfod Ieu am y tro cyntaf ond dw i bron yn sicr mai adeg achos yr Wyddgrug ar ddechrau'r saithdegau oedd hi. Dw i'n rhyw feddwl fy mod wedi cyfarfod Arfon Gwilym yr un pryd gan fod y ddau yn ysgrifenyddion Cymdeithas yr Iaith yr adeg hynny. Roedd hi'n rhyw gyfnod hipïaidd felly doedd hi ddim yn ffasiynol i wisgo'n smart a gyrru car drud, felly doedd Ieu ddim yn sefyll allan yn arbennig gyda'i wallt hir blêr a dipyn o olwg heb weld dŵr a sebon ers tro arno. Yr hyn oedd yn sefyll allan oedd ei ffordd braidd yn sarrug o siarad. Doedd 'ne ddim lol efo fo, a rhyw 'A pwy wyt ti te?' ges i. Ar ôl dweud fy enw ac o le ro'n i'n dod, Lil o'r Rhyl fues i wedyn.

Roedd hwn yn gyfnod arbennig yng Nghymru a dw i'n ddiolchgar iawn fy mod wedi bod yn ifanc ar yr adeg ac wedi cael y cyfle i fod yn rhan o frwydr yr iaith. Er i mi dreulio ambell i noson mewn cell mewn gorsaf heddlu ac ymddangos o flaen fy ngwell y diwrnod wedyn, fues i ddim yn y carchar fel cymaint o aelodau'r Gymdeithas ar y pryd. Mi dreuliodd Ieu gyfnod yn y carchar a hynny ar adeg pwysig yn ei fywyd sef ar amser ei arholiadau gradd. Roedd yn y brifysgol yn Abertawe a chaniatawyd iddo eistedd cyfran o'r papurau yn y carchar. Glywais i erioed mohono fo'n cwyno am hyn; yn hytrach dwedai ei fod wedi cael mantais am na fyddai wedi adolygu fel arall. Dwn i ddim wir.

Mi welais i dipyn arno drwy'r saithdegau mewn protestiadau, gigs ac yn arbennig yn ystod Teithiau Haf y Gymdeithas. Hefyd roedd ganddo deulu yn Nhremeirchion, felly galwai heibio yn aml os oedd yn ymweld â'r teulu yn y fan honno. Roedd llawer o ddigwyddiadau yn y Rhyl hefyd ac mi fyddai yn dod i rheini weithiau – Nosweithiau Llawen yn y Pafiliwn a chyfarfodydd ac ambell i brotest roeddwn yn eu trefnu dan gyfarwyddyd Ffred (Ffransis) a oedd yn y carchar y rhan fwyaf o'r amser.

Roedd Teithiau Haf Cymdeithas yr Iaith yn rhan bwysig o ledaenu neges y frwydr drwy Gymru benbaladr. Roedd rhain yn golygu cerdded gyda baneri o ardal i ardal drwy Gymru a chynnal cyfarfodydd a gigs mewn trefi ar y ffordd ac yna aros dros nos efo aelodau'r Gymdeithas a charedigion yr achos. Roedd hefyd yn ffordd dda iawn o ddod i nabod aelodau eraill.

Yn ystod un o'r teithiau yma mi es i gartref Ieu yn Rhosllannerchrugog efo Arfon Gwilym – alla i ddim cofio'r flwyddyn. Mi rybuddiodd Arfon fi y byddai Ieu a'i dad yn siŵr o fod yn cega ar ei gilydd ond i beidio cymryd dim sylw, am mai nid ffraeo oedden nhw, ond mai dyna sut roedden nhw'n siarad. Ac felly roedd hi. Roedd mam a tad Ieu yn bobol garedig a chroesawus. Ei dad â chap ar ei ben a sigarét yng nghornel ei geg. Roedd Ieu yr un ffunud â fo – yr un llais, yr un osgo â'r un ffordd o siarad efo acen gref y Rhos. Cymeriad. Roedd mam Ieu yn berson addfwyn a hyfryd.

Roedd bwrlwm sgwrsio yn y tŷ a mam Ieu yn hwylio te i ni ond yn anodd ei gweld rhwng y cymylau o fwg sigaréts.

Dwi'n cofio un daith yng Ngheredigion yn rhywle, ac roedd Sioe wedi bod yno y diwrnod cynt. Roedd pabell fawr yn dal i fod i fyny, felly penderfynwyd y gallai pawb gysgu'r noson yn honno. Ar ôl min nos hwyliog iawn, iawn roedd yn amser i bawb dynnu'r sachau cysgu allan a thrio setlo am y noson ond roedd cymaint ohonom ni nes bod lle yn brin braidd, ac roedd hi'n noson ddigon oer. Roedd car y Gymdeithas gan Ieu ac roedd o yn bwriadu cysgu yn hwnnw, ond chwarae teg iddo, mi gynigiodd i Meinir (Ffransis) a finnau gysgu yn y car ac mi fasai o'n cysgu yn y babell, ac felly y bu. Ar ôl mynd i'r car dwi i'n cofio i'r ddwy ohonom ni ddifaru dipyn na wnaethon ni aros yn y babell. Roedd golwg a drewdod ofnadwy yn y car – hogle fel tasai rhywbeth wedi marw yne yn ogystal â'r hogle sigaréts. Wrth gwrs roedd Ieu yn byw yn y car bron ac roedd ôl hynny arno.

Er y llais sarrug a'i ffordd ddadleuol o siarad, mi roedd Ieu yn berson caredig a chymwynasgar. Unwaith roedd wedi eich nabod ac yn siŵr ohonoch, mi roedd yn ffrind da a ffyddlon. Pan gollais fy nhad, roedd yn un o'r rhai cyntaf i anfon cerdyn ataf.

Mi ddaeth Ieu yn ffrind agos, ac er i mi beidio gweld cymaint ohono drwy'r wythdegau ar ôl mi briodi a chael plentyn, roedd y berthynas yr un mor agos pan welwn i o, ac roedd o leiaf un noson yn ei gwmni yn cael ei threfnu mewn Eisteddfod bron bob blwyddyn.

Yn Eisteddfod Glyn Ebwy 2010 roedd Ieu a Carey wedi cael llety da iawn: 'apartment' bach hyfryd am bris rhesymol iawn. Ar ôl noson Meic Stevens a Heather Jones, mi fynnodd Ieu ein bod yn mynd yn ôl efo fo i weld y lle, i gael paned neu rywbeth cryfach ac i weld Carey. Wrth gwrs mi roedd yn oriau mân y bore erbyn hyn ond doedd dim dadlau efo Ieu. Roedd Mari y ci yn y car ac mi fynnodd Ieu ei bod hi yn dod i mewn hefyd. I mewn â ni a dilyn Ieu i'r lolfa, fel yr oedden ni'n meddwl, ond ystafell wely oedd hi a Carey druan yn cysgu'n sownd yn ei gwely yno. Mynnodd Ieu ddeffro Carey i ddeud 'helo' wrthan ni. Hithau yn codi ei llaw yn siriol braf a Ieu, Alun, Mari a finnau yn sefyll o gwmpas ei gwely fel tîm o ddoctoriaid. Wedyn mi aeth Ieu ati i hwylio paned, diodydd a rhai o gacennau enwog Carey. Dyna groeso Ieu.

Roedd wastad yn syndod i mi gymaint o bobl roedd yn eu nabod, a ddim jyst yn eu nabod o ran eu gweld, ond eu nabod yn dda. Er y natur gwerylgar, doedd o ddim yn un am ladd ar bobol (ar wahân i wleidyddion, ac roedd ganddo ddewis lliwgar o ansoddeiriau i'w disgrifio nhw), a doedd o ddim isio clywed neb yn lladd ar neb arall chwaith. Roedd yn gweld ochor orau pawb. Wrth edrych yn ôl, mi roedden ni'n ffraeo dipyn a hynny am fod Ieu yn un styfnig, ac roedd 'ne duedd ynddo fo i feddwl mai fo oedd yn iawn bob amser. Mi es i Iwerddon mewn bws mini efo criw yn y saithdegau ond doedd Ieu ddim efo ni am ryw reswm. Mi roedd Arthur Tomos yn anfon cerdyn post o bob pentref i Ieu efo llun mul arno i'w atgoffa o'i styfnigrwydd – doedd Ieu ddim yn hapus.

Yn y blynyddoedd diwethaf mi gawson ni gryn dipyn o'i gwmni o a Carey yn yr Ŵyl Ban Geltaidd. Roedd o wedi tawelu rhywfaint a ddim mor gecrus ond yn dal i siarad yn blaen ac roedd yn braf dod i'w nabod ar lefel wahanol. Mi roedd o'n un gwybodus iawn ac, wrth gwrs, yn ddarllenwr mawr.

Yn Derry mae'n bosib cael taith o gwmpas y ddinas i weld y llefydd a fu o bwys yn ystod y brwydro. Cyn-aelodau o'r IRA sy'n eich tywys mewn car ac ar droed ac mi aethon ni efo Ieu a Carey ar un o'r teithiau yma yn ystod yr Ŵyl Ban Geltaidd yn Derry. Roedd yn agoriad llygad, ac wrth gwrs, cawsom weld a chlywed pethau na fyddai taith gyffredin yn ei gynnig. Ar ddiwedd y daith mi fuon ni'n holi dipyn ar y gyrrwr am ei hanes am mi gyfaddefodd ei fod wedi treulio rhai blynyddoedd yn y carchar am ei ran yn y frwydr. Mi ddwedais i wrtho bod Ieu wedi bod yn y carchar ac wedi eistedd ei arholiadau gradd yno. Wrth gwrs, mi ges i drefn gan Ieu wedyn 'mod i wedi deud. 'Doedd be 'nes i yn ddim byd i gymharu â be wnaeth y dyn yne.' Doedd Ieu ddim isio cael ei ganmol a doedd o ddim yn un am ganmol neb arall chwaith.

Roedd ganddo barch at ferched a doedd ddim elfen o siofinistiaeth yn perthyn iddo fo. Mae rhai yn sôn amdano yn rhegi a bytheirio ond chês i erioed brofiad o hynny er ein bod yn ffraeo a dadlau llawer o'r amser.

Yn ystod y blynyddoedd cynnar o'i nabod roedd brwydr yr iaith yn llenwi ein bywydau a dyna oedd ein sgwrs i gyd – doedd dim lle i unrhyw beth arall. Felly roedd cael ei nabod ar gyfnod gwahanol yn agoriad llygad. Roedd yn ddyn deallus iawn gyda gwybodaeth ar ystod eang o bynciau. Gallai fod wedi gwneud mwy o gyfraniad ac efallai ddal swydd well nag oedd ganddo ond doedd o ddim yn berson uchelgeisiol ac mewn rhyw ffordd roedd yn fodlon ei fyd ac yn cael amser i blesio'i hun a threulio'i amser fel y mynnai. Roedd yn werinwr ac yn ddyn ei filltir sgwâr.

Yr Eisteddfod olaf i ni gael treulio amser yn ei gwmni oedd Eisteddfod Llanelli. Mi arhosodd am ddwy noson yn adlen y garafán – roedd wedi bwcio i aros mewn gwesty y ddwy noson wedyn a hwnnw yn rhyw fath o gastell. Wrth gwrs, roedd dipyn o dynnu coes gan ei fod yn mynd i aros mewn castell, ac mi es i drafferth yn y bore i osod y bwrdd yn daclus efo lliain bwrdd a napcyn er mwyn i ni geisio cystadlu efo'r safon y byddai'n ei derbyn yn ei lety nesaf. Doedd Ieu ddim yn hoff o gael ei herian, er ei fod o yn un am herian eraill, ond mi gymrodd yr hwyl yn iawn. Am ryw reswm do'n i ddim am fynd ar faes yr Eisteddfod yn gynnar ar fore olaf Ieu efo ni felly arhosais i yn y garafán i dacluso a cherdded y cŵn. Rhyw chwarter awr ar ôl i Ieu fynd mi ddaeth yn ei ôl – roedd wedi cael tocyn maes gan rywun ac yntau efo un yn barod. Mi fasai wedi medru ei werthu yn rhad wrth y fynedfa ond roedd wedi cerdded yr holl ffordd yn ôl i roi'r tocyn i mi. Dyna Ieu.

Rywsut fe fethon ni ei weld ym Meifod ac felly roedden wedi trefnu i'w gyfarfod yn Eisteddfod Sir Fynwy, ond aeth mam yn sâl ac mi roedd hi yn yr ysbyty union wythnos yr Eisteddfod felly roedd rhaid canslo popeth. Un o'r rhai cyntaf i anfon neges yn dymuno yn dda iddi oedd Ieu, ac yn anffodus chawson ni ddim cyfle i'w weld ar ôl hynny.

Sioc enbyd oedd clywed y newyddion am ei farwolaeth. Roedd wedi cyffwrdd â bywydau cymaint o bobl dros y blynyddoedd, felly daeth tyrfa gref i dalu'r gymwynas olaf iddo. Yn ddiweddarach, cafwyd noson deilwng iawn i gofio amdano yng Nghlwb y Saith Seren yn Wrecsam. Noson y byddai Ieu ei hun wedi ei mwynhau yn fawr. Un peth sy'n sicr ydi y byddai wedi cael ei synnu yn ofnadwy bod cynifer o bobl yn meddwl cymaint ohono.

Atgofion

Lilian Edwards yn holi Goronwy Fellowes am ei atgofion am Ieu Rhos

Pryd wnest ti gyfarfod Ieu am y tro cyntaf?

Adeg achos cynllwyno Cymdeithas yr Iaith yn '71. Ro'n i'r tu allan i lys yr Wyddgrug yn aros i fynd o flaen fy ngwell ac mi ddaeth y person yma ata i a dweud mewn llais reit sarrug, 'Ti'n dipyn o foi rŵan'. Mi ges i fraw. Do'n i erioed wedi gweld y person yma o'r blaen a do'n i'm yn gwybod sut i'w gymryd. Yn sicr, wnaeth o ddim argraff dda. Ar ôl yr achos yna mi dreuliais amser hir yn y carchar am fy rhan yn y frwydr am Sianel Gymraeg. Wrth gwrs, mi ddois i'w nabod o'n well ar ôl hynny ac arfer efo'i ffordd a daeth yn ffrind ffyddlon a chymwynasgar.

Be oedd dy gysylltiad di efo Ieu ar ôl hynny?

Doedd y cyfnod ar ôl i mi ddod allan o'r carchar ddim yn un hawdd ond roedd Ieu yn gefn i mi. Ro'n i'n ei weld mewn ralïau ac ambell i brotest ac yna fe aeth criw ohonon ni i Iwerddon efo'n gilydd. Mi gawson ni amser arbennig, ond

Ieu a thad Goronwy Fellowes cyn priodas Goronwy

rhyw noson feddwol bu rhyw fath o gega rhwng Ieu a finnau ac yn y diwedd mi wnes dywallt peint o gwrw drosto. Yn rhyfeddol mi gymerodd Ieu hyn fel jôc a chwerthin wnaeth o, a dyna ddiwedd ar y ffrae.

Achlysur arall sy'n dod i'r cof ydi gwersylla yng Nghlynnog. Roedd criw ohonon ni wedi mynd yno i ŵyl werin a Phlethyn yn canu. Roedden ni'n gwneud bwyd ar ryw stôf fach yn yr awyr agored. Rywsut mi wnaeth rhywun daro plât Ieu ac aeth y bwyd poeth dros ei law a'i losgi'n reit ddrwg. Ro'n i isio mynd â fo i'r ysbyty ond na, doedd Ieu ddim yn un am ffysian a wnâi o ddim mynd, er iddo gael llosg reit ddrwg. Yn rhyfedd iawn fe gyfeiriodd Ieu at hyn flynyddoedd wedyn a dweud ei fod wedi gwerthfawrogi'r ffaith fy mod wedi poeni amdano ar y noson – yn amlwg, doedd o ddim yn un i anghofio cymwynas.

Os dw i'n cofio yn iawn, Ieu oedd dy was priodas di?

Ia, ti'n iawn. Roedd o wedi ei blesio yn ofnadwy 'mod i wedi gofyn iddo fo ac mi gymerodd y swydd o ddifrif. Ar ddiwrnod y briodas wnes i ddim ei nabod i ddechrau, roedd o mor smart. Roedd mewn siwt a chrys a thei hynod o lân a thaclus. Roedd wedi cael torri ei wallt a thrimio ei fwstash; ond roedd y sigarét arferol yng nghornel ei geg ac yn rhyfedd roedd bag bin du yn ei law. Roedd wedi gofyn i mi be o'n i isio fel anrheg priodas. Bin medde fi fel jôc. Wrth gwrs dyna be ges i. Yn y bag bin du roedd bin mawr metel a chaead arno.

Mi wnaeth ei ddyletswyddau yn berffaith ar y diwrnod a'n gyrru ni i bob man yn ei gar fel nad oedd angen i mi boeni am ddim.

Oeddet ti'n gweld Ieu yn gyson ar ôl hyn?

Wel, na. Ar ôl i mi briodi mi wnaethon ni golli cysylltiad am rai blynyddoedd wir, rhwng un peth â'r llall.

Mi es i drwy gyfnod reit drwblus ynghanol yr wythdegau. Mi ro'n i wedi colli cysylltiad efo Ieu ond rywsut mi ddaeth i wybod fy mod mewn lle tywyll ac ar nos Galan fe ddaeth i 'ngweld. Mi ddwedodd wrthyf am bacio bag a bo' fi'n mynd adre efo fo i'r Rhos. Mae'n rhaid fod hyn i gyd wedi ei benderfynu o flaen llaw achos pan gyrhaeddon ni gartre Ieu roedd ystafell wedi'i pharatoi i mi a chroeso cynnes yn fy nisgwyl gan ei rieni.

Roedd Ieu yn gw'bod pryd i adael llonydd i chi ond hefyd yn gw'bod pryd i ddod yn ôl i'ch bywyd.

Felly mi gadwoch chi gysylltiad ar ôl hynny?

Na. Daeth Ieu yn ôl i 'mywyd i yn 2004 pan farwodd Mam. Mi ddechreuon ni weld ein gilydd yn rheolaidd ar ôl hynny. Roedden ni'n cyfarfod neu yn ffonio bron bob wythnos – yn amal yn dadlau a ffraeo ar Skype!

Ro'n i awydd prynu cwch i fynd ar y gamlas ac roedd Ieu yn awyddus iawn i fy helpu i gael un. Roedd Ieu wastad yn barod efo cyngor ar bopeth a'i ffordd o oedd yn iawn bob tro.

Oedd Ieu yn dipyn o giamstar ar y cwch?

Na, ddim wir. Sefyll a rhoi ordors â ffag yng nghornel ei geg oedd o. Dim ots sut ro'n i'n gwneud rhywbeth roedd gan Ieu ffordd well. Mwy o ddeud wrth bobol eraill be i neud na gwneud ei hun. I ddeud y gwir, bob tro roedd Ieu ar y cwch roedd rwbeth yn mynd o'i le. Unwaith pan oedd o'n llywio mi dorrodd y 'steering cable'; dro arall aeth rhywbeth o'i le ar y peiriant. Roedd wrth ei fodd yn gyrru yn araf bach er mwyn iddo fo gael sgwrs efo pobol wrth fynd.

Mi ges i fy ngwneud unwaith pan brynais darpolin oedd i fod i ffitio'r cwch. Mi dalais lot amdano ond ar ôl ei gael doedd o ddim yn ffitio er i'r gwerthwr, oedd yn gyfreithiwr wedi ymddeol, daeru y byddai. Doedd dim modd cael yr arian yn ôl felly fe berswadiodd Ieu fi i fynd â'r dyn i'r cwrt. Mi gymerodd Ieu drosodd a gwneud y gwaith ymchwil i gyd ac fe enillon ni yr achos.

Be am y blynyddoedd olaf 'ma?

Yn ddiweddar roedden ni wedi mynd yn fwy cyndyn o grwydro a welson ni ddim llawer o'n gilydd. Y tro diwethaf i mi ei weld oedd yn Frongoch yn y Bala.

Sioc enbyd i mi oedd ei golli mor sydyn. Y gwir ydi – Ieu oedd y brawd na ches i mono fo.

Yr ymgyrchydd lleol

Ymgyrchu yn erbyn treth y pen

Pan ddaeth llywodraeth Dorïaidd Margaret Thatcher â'r cynllun treth y pen i'w weithredu gan y cynghorau, gwrthwynebai Ieu ef fel miloedd o bobl eraill. O ganlyniad iddo wrthod talu'r dreth ar ran ei rieni, ymddangosodd o flaen Llys Ynadon Wrecsam. Er iddo gael dirwy, ni fu'n rhaid iddo fynd i garchar, eithr mi gredaf y tynnwyd y ddirwy o'i gyflog. Yn ôl Marc Jones:

Mi ddaeth o i'r un achos Cymraeg a finne... ddaru ni i gyd gael dirwy ar ôl dadlau o flaen y fainc Gymraeg – dan ofal Trygan Roberts, fel dwi'n cofio – fod y dreth yn anfoesol ac annheg. Roedd 'na gannoedd yn troi allan ar gyfer y llysoedd misol yma yn Wrecsam a ninnau'n cynnig cyngor answyddogol bob mis. Doedd na'm cymaint yn yr un Cymraeg ond mi roedd o'n fwy o hwyl rywsut – pobol oedd 'di arfer achosi helynt oedd yna!

Ymgeisydd am sedd ar Gyngor Wrecsam

Sosialydd rhonc oedd Ieu, a hefyd yn genedlaetholwr, wrth

CYMRU YMLAEN

Cysylltiad Etholiadol
Election Communication
Ponciau
10 .6. 2004
council election
etholiad cyngor

Dros/For Ponciau

Ieuan W Roberts

Taflen etholiad

gwrs. Pan ddaeth i'r coleg yn Abertawe, yr oedd yn gefnogwr brwd o Blaid Cymru, ond yn dilyn ei gysylltiad â Chymdeithas yr Iaith, am flynyddoedd wedyn nid oedd yn amlwg iawn yn y Blaid, er iddo ddod i'w chefnogi yn fwy at y diwedd. Yn 2003, sefydlwyd plaid Cymru Ymlaen/Forward Wales gan John Marek, cyn-aelod seneddol Llafur Wrecsam ac eraill, a hynny fel plaid sosialaidd i Gymru gan fod y blaid Lafur wedi cefnu ar ei hegwyddorion sosialaidd. Er iddi roi ymgeisydd i sefyll etholiadau ar gyfer Ewrop ac ymgeiswyr annibynnol ar gyfer y Cynulliad, byrhoedlog fu ei bodolaeth a daeth i ben yn 2010.

Ymunodd Ieu Rhos â'r blaid newydd hon a safodd fel ymgeisydd yn ward Ponciau ar gyfer etholiadau Cyngor Wrecsam, 2004.

Etholiad Cyngor Bwrdeistref Wrecsam 2004

Ponciau

Pemberton P.	Ind	983
Roberts A.*	LD	910
Jones P. Ms.	Lab	423
Roberts I.	FW	336

Dyma gopi o'i daflen etholiadol:

Atgofion

MARC JONES

Mi fysa Ieu wedi casáu'r dathliad o'i fywyd wnaethon ni ei gynnal yn Saith Seren, Wrecsam, fis ar ôl ei farwolaeth disymwth. Mi fysa fo wrth y bar yn llowcio peint o gwrw go iawn, yr ewyn yn aros ar ei farf, ac yn diawlio pawb am wneud ffŷs. Mae'r ffaith i gymaint droi allan – ac o gymaint o gyfnodau yn ei fywyd – yn adrodd cyfrolau.

Dyn miniog ei feddwl a miniog ei dafod oedd Ieu. Wnes i ei gyfarfod gynta' mewn cyfarfodydd Cymdeithas yr Iaith ac yna grŵp cefnogi'r glowyr ar streic fawr 1984-5. Mi oedden ni'n mynd o amgylch y tafarndai bob wythnos yn hel pres i'r glowyr a Ieu yn un o'r selogion. Roedd o'n selog efo nifer o ymgyrchoedd. Yr iaith wrth gwrs – rhan gyson a hanfodol o'i wleidyddiaeth. Ond roedd o'n sosialydd rhyngwladol – yn frwd yn erbyn gormes apartheid ac yn gefnogol i'r Palestiniaid. Yma yn Wrecsam, yn y Rhos, yn ei filltir sgwâr, roedd na fydolwg eang ac eangfrydig. Gwerinwr Gweriniaethol oedd Ieu ... am weld Cymru'n wlad annibynnol er ei fod wedi ei fagu cwta ddeng milltir o'r ffin. Sosialydd hefyd – ond un oedd yn gwrthod Llafuriaeth gaeth y fro a'i magodd.

Ieu ac Osian yn y Saith Seren

*Y tu allan i'r Saith Seren – Ieu ar y dde
a Carey, ei bartner ar y dde eithaf*

Un o'r Rhos oedd Ieu. Ieu Rhos oedd o i bawb y tu allan i Rosllannerchrugog, er ei fod yn licio pwysleisio mai yn y Ponciau roedd o'n byw go iawn. Does na neb y tu allan i'r Rhos wir yn gwybod be' di'r ffin rhwng y Rhos a Ponciau. Aethon ni allan yn gyson i lymeitian yn y Rhos – y Coets, y Dafarn Newydd, y Nags, y Talbot, yr Australia – tafarndai sy' bellach yn atgofion hen yfwyr yn unig. Mewn ambell i dafarn roedd hi'n anoddach dianc na chael mynediad – roedd 'lock-in' yn golygu cloi'r drysau go iawn. Roedd Ieu yn nabod yr hen gymeriadau i gyd ac yn ymhyfrydu yn eu cwmni, eu straeon a'u hanesion. Perthynai Ieu i genhedlaeth chwyldroadol o Gymry Cymraeg aeth yn ôl i'w cymunedau er mwyn creu Cymru well. Dros y blynyddoedd mi welodd rai o'r 'chwyldroadwyr' yma'n esgyn yr ysgol ac yn anghofio am y chwyldro. Dyna pryd roedd ei dafod ar ei mwya' miniog. Byddai'n selog wrth herio rhagrith y rhai drodd eu cefnau ar 'y frwydr'. Gyrru bysys a thacsis wnaeth Ieu tan iddo ymddeol yn hytrach na dilyn gyrfa, er mor finiog oedd y meddwl yna.

Pan aethon ni ati i ffurfio'r fenter gydweithredol fyddai'n ailagor yr hen Seven Stars yn nhre Wrecsam roedd Ieu yn rhan o hynny o'r cychwyn. Roedd o'n feirniadol ar adegau – dyna oedd ei natur – ond hefyd yn gyson. Roedd o'n addas felly i ni ddod ynghyd – yn ymgyrchwyr iaith o'r 60au, yn wrth-apartheid yr 80au, yn gyn-lowyr, yn amgylcheddwyr, yn sosialwyr ac yn yrwyr bysys – i ddathlu bywyd rebel go unigryw yn y Saith Seren: rhywle sydd, fel Ieu, wedi llwyddo i gynnal cannwyll y Gymraeg ddeng milltir o'r ffin.

Ieu y cofnodwr

MYRDDIN AP DAFYDD

'A dene Steddfod arall drosodd.'

Roedd hi'n ddiwrnod olaf gŵyl y Fenni, yr awyr yn las a dim yn galw nes y byddai'n amser pacio'r stondin. Y tu allan i'r Lolfa Lên, dois ar draws Ieu. Ar fwrdd picnic yr oedd o, fel y medrai fwynhau smôc a chlywed y Steddfod yn y cefndir. Dydw i ddim yn hoff o fwg ond mi feddyliais nad oeddwn wedi cael sgwrs efo Ieu ers hydoedd a dyma eistedd wrth ochr ei simnai am ryw ugain munud.

'Mi fydd hi'n ddeugien mlynedd ers Steddfod Recsam flwyddyn nesa, uffen.'

Dyna lle'r aethom ni wedyn. Roeddwn i a dau fyfyriwr arall o Aber wedi cael gwaith codi stondinau ar y Maes a Ieu oedd ein sherpa lleol. Byddem yn cyfarfod yn y Greyhound yn Boras neu'r Clwb Rygbi yn ôl ei gyfarwyddiadau ac yn cael cyfarfod rhai o Gymry'r ardal.

'Oeddat ti yn noson y Gymdeithas yn y Coach and Horses yn Rhos ar nos Sul y Steddfod?'

Oeddwn. Roeddwn i'n un o'r pum cant oedd wedi gwasgu i lofft fach y dafarn oedd yn dal trigain ar nosweithiau cyffredin. Mynediad am Ddim yn y pen draw yn gweiddi ar bawb i fod yn ddistaw, nes iddyn nhw roi'r ffidl yn y to. Doedd yna ddim gwydrau ar ôl yn y dafarn ar ôl awr; mi orffennodd y cwrw ar ôl dwy. Ieu oedd wedi trefnu.

'Doedd Rhos rioed wedi gweld dim byd tebyg. Ond roedd y tafarnwr yn canmol yr ymddygiad – doedd ene'r un gwydryn wedi malu yno, uffen.'

Yn y Fenni, gofynnodd ar drywydd pa hanes yr oeddwn i ar y pryd. Roedd o'n chwilotwr garw ac yn ymhyfrydu mewn hanes – yn enwedig hanes pobl go iawn oedd mor aml yn cael ei anwybyddu. Rai Steddfodau cyn hynny mi gawsom sgwrs am Senghennydd a'r gyfrol roeddem wedi'i chyhoeddi i nodi canmlwyddiant y gyflafan. 'Weles i bethau yn yr *Herald* am hynny, yrra'i nhw mlaen iti.'

Roedd o'n dyrchwr pybyr yn *Herald y Rhos* a phan fyddai'n dod ar draws ambell stori y credai y byddai o ddiddordeb i mi, roedd yn ei sganio a'i ebostio. Rhoddai ei drwyn mewn papurau lleol eraill o dro i dro hefyd a dwi'n cofio mai'r pwt cyntaf a gefais ganddo oedd adroddiad yn y *North Wales Chronicle* fod Heddlu Sir Ddinbych am gynyddu nifer y plismyn yn y sir yn Hydref 1862. Gan fod Rhos a Llanrwst yn perthyn i'r un sir yr adeg honno, roedd yn dychmygu y byddai'r stori'n rhoi gwên gam ar fy wyneb. Cyhoeddwyd yn y papur fod tri phlismon newydd wedi'u penodi – un bob un i ardal Minera, Rhostyllen a Rhos. Dyma gyfnod twf diwydiannol a chynnydd yn y boblogaeth yno, mae'n debyg. Ar yr un gwynt, roedd galw am chwaneg o blismyn ar frys i Lanrwst – 'There were often riots in that part, and the small force they had were often in danger of their lives'. Doedd dim cyllid am ragor o blismyn i'r sir a'r hyn benderfynwyd oedd bod un o'r tri uchod yn cael ei anfon i Lanrwst i atgyfnerthu'r ffôrs yno. Setlwyd mai plismon newydd Minera fyddai'n gorfod wynebu ffau'r llewod. Er bod yna boblogaeth uchel yn Minera, roedd Ieu eisiau imi gael gwybod fod y papur yn cofnodi bod y trigolion 'were very peaceable and well-behaved' – yn wahanol iawn i'r dre wyllt roeddwn i'n perthyn iddi.

Ond yn ôl at Senghennydd. Fyddai'r pytiau y byddai'n eu hanfon ataf byth yn cyrraedd yn fuan wedi'r sgyrsiau. Mi fyddwn yn aml wedi hen adael y maes hwnnw am borfa arall erbyn y byddai stwff Ieu wedi cyrraedd, ond roedd yn werth disgwyl amdanyn nhw er hynny. Ar ddechrau Chwefror 2014 y cyrhaeddodd yr ebost a addawodd yn Steddfod Dinbych 2013. Mae'r cyfarchiad yn union fel y'i cefais, yn cyfeirio at gêm wael gyntaf y tymor rygbi rhyngwladol hwnnw:

Dawch,
Gobeithio dy fod ddim wedi gwastraffu dy bres yn mynd i Ddulyn i weld y siou gont ne.
    Dwi'n ategu cwpwl o bethe am Senghennydd o'r hen *Rhos Herald*. Mi oedd mwy ond fedra'i yn fy myw ddod o hyd iddo. Maent wedi addo rhoi'r *Herald* ar lein yn LlGC ond dim wedi digwydd eto. Plwyfol iawn tua'r Aber ne.

'Dawch' oedd ei gyfarchiad ebost bob amser, gan daro enw'r derbynnydd ar ei ôl weithiau: Dawch Gwynne. Ta waeth, roedd yr atodiad yn sgan o erthygl olygyddol *Herald y Rhos*, Sadwrn 18, 1913 – ddyddiau ar ôl y danchwa yng nglofa'r Universal. Does dim angen dweud fod bro lofaol y Rhos yn llawn cydymdeimlad, yn mynegi ochr ddynol y stori:

Am hanner awr wedi deg dechreuwyd dwyn i fyny ragor o gyrff. Yr oedd dillad rhai o'r dynion wedi eu llosgi oddi am danynt; tra yr ymddangosai eraill fel pe wedi eu mygu gan y nwyau. Aed a'r cyrph i efail gof y lofa; a thrwy weddill y dydd yr oedd gwragedd a pherthynasau yn pasio heibio i gael golwg ar y cyrph, er ceisio eu hadnabod.

Un o'r pethau a wnaeth argraff arnaf i'n bersonol wrth gynnal cyngerdd i gofio am y drychineb ac i lansio'r gyfrol ar yr hanes yn Ysgol Ifor Bach oedd balchder y bobl leol am ymdrechion y tîm achub. Glowyr yn mentro'u bywydau dros eu cyd-lowyr oedd aelodau'r timau achub bob amser, a byddai ardal Rhos yn gyfarwydd iawn â'r ymroddiad hwnnw. 'Mi allwn ni fod yn falch o gofio am y glowyr aeth i lawr i'r tân a'r mwg i geisio achub y bechgyn,' meddai un y noson honno, gyda'i lygaid yn llaith ond ei gefn yn sgwâr. Mor addas ydi hi mai cerflun o'r ymdrech i achub bywydau yw'r gofeb yn Senghennydd. Mae hynny i'w glywed yng ngholofnau'r *Herald* a dderbyniais gan Ieu:

Achubwr wedi ei ladd

Y mae y fintai o achubwyr yn cymeryd eu bywyd yn eu dwylaw megis yn llawen. Dangoswyd pa mor fawr yw y risk yn anffodus, boreu ddydd Iau, pan y lladdwyd William John, Abertridwr, drwy ddisgyniad un o'r 'propiau'. Maglodd dyn arall ar y rheiliau, ac wrth ddisgyn tarawyd ymaith ei helmet, pan y daeth yn anymwybodol yn fuan oherwydd yr awyr anmhur, ond cariwyd ef allan gan ei gyd-ddynion, ac y mae yn awr ar y ffordd i wella.

Fedra i ddim ond dychmygu'r rhegfeydd a'r llif o eiriau dilornus a ddaeth o enau'r ymchwilydd o'r Rhos pan ddaeth at y pwtyn olaf hwn yn yr adroddiad:

Trwy orchymyn y Brenin, ac ar ddymuniad y Tywysog Arthur o Connaught a'i briod, y mae yr anrhegion priodasol a dderbyniasant i gael eu dangos i'r cyhoedd ym Mhalas St James yn ddyddiol (oddi gerth y Sul), ar daliad o swllt ar gyfer pob person, ac y mae yr arian i gael eu rhoddi er cynnorthwyo y teuluoedd yn Senghenydd.

Roedd Ieu yn hanesydd lleol oedd yn credu mewn dod â gwybodaeth gywir am y gorffennol i lygad y cyhoedd heddiw. Gweithredai gydag Ymddiriedolwyr Mwynwyr Gogledd Cymru i gynnal gweithgareddau achlysurol er mwyn dod â phobl at ei gilydd a rhannu atgofion teuluol. Dyma bwt arall o'i ebost yn 2014:

Un peth sylwais gyda'r cofio yn Senghennydd oedd bod pawb wedi marw, h.y. pobl oedd yn cofio a'u plant. Hefyd roedd fel petai pawb am gadw'r peth yn ddistaw. Yr hyn rydym ni yn ffeindio ydi fod nifer fawr o bobl ffordd hyn yn dweud fod taid neu dad yn Gresford a nifer anhygoel (yn llythrennol!) wedi ffeirio shifft ar y diwrnod. Mae un dyn dal yn fyw yn 100 oed a oedd yn gweithio yn y lamprwm fel hogyn ifanc, un arall gafodd ei eni ar ôl i'w dad farw yn y danchwa. Yn unol â'r arferiad mi fydd gwasanaeth ger y gofeb ar Fedi 22ain. Fy hun dwi am drio cael hanes rhai ohonynt yn y Rhyfel Mawr. Mae'n amlwg o'r lluniau papur newydd fod llawer ohonynt wedi bod yn y fyddin. Efallai bydd yn wrthdaro bach i sbloet prydeinig Cameron a'i giwed. Pregeth drosodd am rwan...

Stori arall y bu ganddo ddiddordeb mawr ynddi oedd hanes y côr milwrol a dderbyniodd wobr yn Eisteddfod Genedlaethol Bangor 1915 dan arweiniad Sam Evans, o Ben-y-cae, Rhos. Roeddwn i wedi cyfeirio at hyn mewn anterliwt roedd Twm Morys a minnau wedi'i pherfformio gan gasglu'r ffeithiau o adroddiadau'r *Faner* ar y pryd. Yn ôl y fersiwn 'swyddogol', roedd prinder corau meibion wedi bwrw'u henwau i'r gystadleuaeth yn 1915 a phenderfynwyd gostwng y niferoedd i 'heb fod dros 25 mewn nifer' er mwyn ehangu'r apêl. Daeth chwe chôr i'r llwyfan yn y diwedd, gan gynnwys dau gôr o ddwy fataliwn o'r Ffiwsilwyr Cymreig oedd yn ymarfer yn Llandudno ar y pryd. Côr yr 16eg Fataliwn aeth â hi gyda chôr yr 17eg Fataliwn dan arweiniad y Biwglwr Samuel Evans yn gydradd drydydd. Ond cymaint oedd y cynnwrf wrth weld y khaki milwrol ar y llwyfan nes i un o'r eisteddfodwyr gamu ymlaen a chynnig gwobr 'arbennig' i gôr Sam. Yn ôl y *Genedl Gymreig*, 'Canodd y ddau gôr gyda'u gilydd wedi hyny oddi ar y llwyfan a mawr oedd y brwdfrydedd'.

Ddwy flynedd yn ddiweddarach yn Eisteddfod Birkenhead, roedd angen rhag-seremoni ar fore'r Gadair Ddu. Clwyfwyd Sam Evans yn ddifrifol yn Ionawr 1916 ac ni ddychwelodd i'r ffosydd. Cyhoeddodd Llew Tegid o'r llwyfan mai dim ond Sam oedd ar ôl yn fyw bellach o'r holl gôr a fu ar lwyfan Bangor yn 1915 a bod y lleill i gyd wedi 'aberthu eu bywydau ar allor eu gwlad'. Galwyd y cyn-filwr cloff i'r llwyfan, rhoddodd y Cadfridog Owen Thomas rosét ddu a gwyn ar ei fynwes i gynrychioli anrhydedd a galar 'a therfynodd y seremoni yn nghanol dagrau yr holl gynulliad'.

Propaganda uffen, meddai Ieu Rhos. Tyrchodd yn y papurau a rhoddodd y stori yn *Nene*. Ymhen sbel, canfu fod naw aelod o'r côr gwreiddiol yn dal yn fyw. Golygai hynny fod 16 wedi'u lladd, wrth gwrs – ond ymddangosai fod yr awdurdodau wedi 'mystyn y stori er mwyn denu'r dagrau a pharatoi'r gynulleidfa at ddrama ddu y prynhawn. Daeth ar draws llythyr yn yr *Herald*, 6 Hydref 1917 gan E.A. Jones o'r Rhos oedd gyda'r '17th Batt RWF, France' ar y pryd:

The Rhos Herald, Saturday,
Oct. 6, 1917

CORRESPONDENCE.

(*We do not hold ourselves responsible for the opinions of our Correspondents*) Ed.

To the Editor of the Herald.

A BIRKENHEAD EISTEDDFOD IN-
CIDENT AND THE TRUTH.

Dear Sir.—In your issue of Sept. 2nd with reference to the paragraph entitled, "A touching incident" it was stated therein that "Since then everyone of those lads had made the supreme sacrifice except the conductor."

I beg to inform you that the statement is incorrect. At the present day there are no less than five original members of the choir herewith mentioned serving with this Battalion, while three are known to be in England wounded.

The following are the names of the choir serving with this unit:—John Davies, Wern Lane, Ellis Jones, Church street, J. Bithel, High st, Cpl. John Davies, Cefn.

E. A. Jones,
17th Batt R.W.F.
France.

Nid cyd-ddigwyddiad oedd hi efallai mai aelod o'r 15fed Fataliwn o'r Ffiwsilwyr Cymreig oedd Hedd Wyn. Roedd amryw o'r Rhos gyda'r 17eg Fataliwn a chyrhaeddodd nodyn i'r *Herald* gan y Caplan yn adrodd hanes angladd Hedd Wyn. Dyma un arall o'r pytiau a dderbyniais gan Ieu (*Herald y Rhos*, Tachwedd 1917).

Angladd Hedd Wynn.

Mae gair o hanes angladd Hedd Wyn wedi dyfod oddiwrth y Caplan Abi Williams, sydd gyda'r 17th R.W.F. yn Ffrainc. Dyma ddywed :—" Claddwyd ef heb fod nepell oddiwrth yr "Iron Cross" ar y "Pilkem Ridge." Gwasanaethwyd yn Gymraeg gan fy nghyfaill y Caplan D Morris Jones, ac er na wyddai ar y pryd ei fod yn taiu'r gymwynas olaf i "gampwr y Ceinion," mae'n brudd-ddyddorol cofio hyny heddyw. Do, clywyd acenion yr hen Gymraeg uwchben bedd y bardd o Drawsfynydd ; ac er i'r bedd fod mewn tir estron, 'roedd yr awyrgylch a'r teimladau yn hollol Gymreig Syrthiodd degau o Gymry ieuainc—gobaith Cymru Fydd—yn mrwydr Gorff. y 31ain, ac y mae teimlad cryf yn y gatrawd Gymreig y dylid gwneud rhywbeth i gofio gwroldeb y Cymro yn y frwydr honno Os cychwynir mudiad i'r perwyl, gwn y rhydd Cymru gefnogaeth iddo."

Roeddwn wedi dod ar draws Ieu yn ôl yn nechrau'r saithdegau pan oedd dipyn o weithredoedd ac achosion llys Cymdeithas yr Iaith yn Nyffryn Conwy. Ar bnawn rhydd ar gwrs chweched dosbarth yn y coleg yn Aberystwyth, dyma benderfynu mynd i wirfoddoli i swyddfa'r Gymdeithas, dau ohonom ni, yn llanciau brwd, eiddgar a chydwybodol.

Yn y swyddfa uwch Siop y Pethe, dyna lle'r oedd Ieu. Pacad

o ffags a soser lwch lawn o'i flaen. Gwnaeth rhyw lygaid syn arnon ni pan gynigion ein gwasanaeth.

'Reit,' meddai gan godi a gwisgo'i gôt. Sgwennwch y cyfeiriadau ene ar yr amlenni ene. Gewch chi greu'r Chwyldro rŵan – dwi'n mynd am baned.'

Fel hanesydd, roedd cofnodi pethau oedd yn digwydd ar y pryd yn dod yn naturiol iddo. Ym Mai 1978, aeth llond bws mini ohonom i'r ŵyl Ban-Geltaidd yn Cill Airne. Yn rhyfedd iawn, mae yna ebost gweddol ddiweddar ganddo yn cyfeirio at yr ŵyl honno:

Da ni am yr ŵyl Ban Geltaidd yn Daoire yr wythnos ar ôl nesaf. Mae'n syndod gymaint o'r hen griw sy'n dal i fynd a Tecs yn trefnu y cwbl yn 82 oed. Un broblem fach sydd gen i ydi fod o wedi dweud fod y bws yn gadael Llanelwy am 7.00 y **bore** a 7.30 y **nos** a dwi'n methu ei gael i ddweud pa un sy'n iawn. Pethe ddim yn newid.

Ieu

Yn ôl yn 1978, doeddan ni ddim ar y bws swyddogol – rhyw griw bach ymylol oedd criw'r bws mini. Roedd pawb arall yno yn cymryd rhan yn y gweithgareddau yn weddol barchus ond penderfynwyd rhyngom mai gŵyl hanner-pan oedd hi i fod arnom ni. Does dim angen dweud mai wythnos felly a gafwyd hefyd ac un pnawn aeth y drafodaeth ati i ddychmygu sut fath o gystadlaethau fyddai yna mewn Gŵyl Hanner-Pan Geltaidd. Chyflawnodd y pwyllgor brys hwnnw fawr ddim mwy na chael môr o hwyl oedd yn mynd yn fwyfwy eithafol fesul hanner awr. Ond doedd hynny ddim yn ddigon gan Ieu. Roedd yn rhaid iddo gael creu rhaglen i'r Ŵyl Hanner-Pan a dyma fachu map o Perranporth gan aelod o Orsedd Cernyw oedd yn cael ei hadnabod ar lafar tafarnau fel Brenda Dew. Ar gefn y map, mae Ieu wedi cofnodi pedair ochr o rwdlan. Yn yr Adran Lenyddiaeth, er enghraifft, mae cofnod o gystadleuaeth 'Ysgrifennu drama 5 Act ar fat cwrw'. Vaughan Hughes, dwi'n sylwi – mae'n rhaid ei fod yn y bar ar y pryd – oedd beirniad y gystadleuaeth 'Gwneud Tric efo Matjis'. Cystadleuaeth y dylid ei hadfer ar fyrder yn y Genedlaethol ydi'r un yn yr Adran Gelf: 'Gwneud patrwm ar ewyn peint o Guinness (pob ymgais yn eiddo i'r beirniad ar y diwedd). Mae ôl traul y drafodaeth faith ar y memrwn ac addas iawn ydi'r nodyn ar waelod un dudalen: 'Noddir y dudalen hon gan Staens Cwrw'.

Pwy feddyliai am gofnodi'r fath rwtsh? Ond dyna Ieu, a rhaid dweud imi gael pwl arall o chwerthin wrth gofio o'r newydd am y daith honno. Atgof arall o'r trip i Gill Airne yw bod Ieu, Ifor Hael a Gareth Caffi Tan Lan wedi llogi beiciau i fynd am dro o amgylch y llyn (rhyw 10 milltir) un bore anarferol o iach. Cwynai'r ddau fod Ieu yn llusgo ar ei ôl hi braidd ac wedi rhyw bum milltir o ddisgwyl amdano bob hyn a hyn, dyma nhw'n penderfynu ei adael i ddod wrth ei bwysau ei hun. Dwyawr ar ôl iddyn nhw gyrraedd yn ôl i Gill Airne, doedd dim sôn am feiciwr y Rhos. Dechreuwyd pryderu ac roedd tîm achub wrthi'n cael ei drefnu. Ond toc dacw fo'n cyrraedd ar ddwy droed, yn powlio beic oedd wedi cael pyncjar reit ym mhen arall y llyn.

Cofnodi manion cymdeithas sydd yna mewn papurau bro a does ryfedd i Ieu fwrw i'r gwaith hwnnw gyda gwirfoddolwyr eraill pan sefydlwyd *Nene* yn Rhos. Pan sefydlais y wasg, roedd wedi cael ei bwyllgor i gytuno i symud y gwaith argraffu o wasg yn yr Wyddgrug i Garreg

Ieu, Clwyd Êl ac Ifor Hael – wele'n cychwyn...

Ieu yng nghwmni ffrindiau ar lan llyn Cill Airne cyn y pyncjar

Gwalch o fewn ychydig fisoedd. Y fo fyddai'n danfon y cardiau i'w hargraffu yn aml a denai ei rieni gydag o am wibdaith fach. Byddai llond y lle o acenion Rhos wedyn a difyr iawn oedd hynny.

Er ei fod wedi gwneud ffafr anferth yn dod â'r gwaith cyson imi, doedd dim yn feddal ynddo wrth siarad busnes.

'Cofia wneud jobyn da ar y llunie. Den ni isio nabod y bobol, sdi.'

Twm Stiniog ei dad, bendith arno, yn camu i mewn i'r cylch i roi hwb imi.

'Taw, Ieu. Mae brwsh newydd bownd o wneud ei waith yn lân, siŵr.'

Yn y Fenni, holodd pa heyrn oedd gen i yn y tân ar y pryd. Mi soniais innau am waith oedd ar y gweill – hanes Rhyfel Cartref Sbaen, ffoaduriaid gwlad y Basg ac ati. Ieu oedd wedi fy nghyflwyno i Twm Sbaen o'r Rhos flynyddoedd yn ôl a hynny'n arwain at gyhoeddi ei atgofion amdano'n wirfoddolwr ym myddin y llywodraeth sosialaidd yn erbyn Franco a'i ffasgwyr.

'Mi drycha' i be sy'na pan a' i'n ôl,' meddai Ieu.

Mi allwn fod yn siŵr y byddai yna bytiau o'r *Herald* a gwybodaeth bellach yn deillio o sgyrsiau gyda hwn a'r llall yn cyrraedd maes o law. Ond newydd gwahanol ac annisgwyl iawn a glywyd yn fuan ar ôl y Steddfod. Bron na allwn i ei glywed o'n dweud eto,

'A dene 'nene drosodd...'

Atgofion

GARETH PRITCHARD HUGHES

Ieuan Wyn Roberts (Ieu Rhos)
1950-1966

'Cyn gêm agoriadol y tymor, safodd timau rygbi'r Rhos a
Wrecsam mewn munud o dawelwch er cof am Ieuan,
gohebydd ac aelod o bwyllgor y Clwb. Mae'n siŵr y byddai
hynny wedi ei blesio'n fwy na'r holl deyrngedau o barch
iddo a gyhoeddwyd yng ngholofnau'r wasg. Wfftiai'r geiriau
'parch', 'parchus' a'r 'Parchedig'!

Fel 'Ieuan, bachgen Twm Stiniog' yr adwaenid o yn y
Rhos. Nid oherwydd bod unrhyw gysylltiad teuluol â
Ffestiniog, ond am mai dyna oedd enw'r ceffyl y gofalai ei
daid amdano yng ngwaith glo'r Hafod. Ei fam, Mair, oedd y
cyswllt â chwarelwyr Arfon. Un o Rostryfan oedd hi; dynes
ddarllengar, parod ei chymwynas a gefnogai, fel ei mab,
bopeth Cymraeg. Etifeddodd Ieuan ddogn go helaeth o
nodweddion cymdeithasau diwydiannol y pyllau glo a'r
chwareli – annibyniaeth barn, brawdgarwch, teyrngarwch,
dyfalbarhad, ymadroddi di-dderbyn-wyneb a'r atebion
minllym, brathog.

Yn ystod ei gyfnod yng Ngholeg y Brifysgol Abertawe bu'n amlwg iawn yng ngweithgareddau Cymdeithas yr Iaith ac fel canlyniad i un o'r ymgyrchoedd treuliodd gyfnod yn pwytho bagiau post yng ngharchar Abertawe, lle y safodd ei arholiadau gradd terfynol. Yn ystod cyfarfod dathlu bywyd Ieu yn Amlosgfa Pentrebychan ar 12 Medi 2016, pwysleisiodd Ffred Ffransis y gallai Ieuan yn hawdd fod wedi talu'r ddirwy a sefyll ei arholiadau yn y coleg ond mynnodd aros yn ei gell gyda'i gyd-ymgyrchwyr. Rhoddai bwys mawr ar ffyddlondeb a chyfeillgarwch.

Bu am gyfnod yn ysgrifennydd Cymdeithas yr Iaith Gymraeg yn Aberystwyth ac ar glawr *Tafod y Ddraig*, uwchben cartŵn ohono â'i wên lydan, ddanheddog y gwelwyd yr enw 'Ieu Rhos' am y tro cyntaf... ac fel 'Ieu Rhos' y byddai'n cael ei nabod ledled Cymru.

Daeth yn ôl i'r Rhos ac er bod ei gymwysterau'n cynnig iddo ddewis pur eang o swyddi, dirmygai Ieuan unrhyw swydd y tybiai fod iddi arlliw o'r 'dosbarth canol!' ac felly dewisodd yrfa fel gyrrwr bysys Crosville.

Bu'n amlwg iawn yn ei fro yn cefnogi cymdeithasau Cymraeg ac roedd yn un o'r criw a sefydlodd y papur bro, *Nene*, ym 1978, ac ef awgrymodd ein bod yn galw'r papur yn *Nene*. Ond ni chyfyngai ei fynd a dod i'w fro ei hun. Teithiai i bob rhan o Gymru i fynychu eisteddfodau, dramâu, gwyliau a phob math o ralïau a phrotestiadau.

Byddai unrhyw fath o orchest fi-fawr a thra-awdurdodi'n dân ar ei groen. Roedd yn berson gwrthsefydliad gydol ei oes ac ysai am gyfle i ddatgelu i'r byd a'r betws unrhyw gam ac anghyfiawnder. Ar brydiau gallai dynnu pobl i'w ben efo'i agwedd 'y gwir yn dy wyneb di, Ffaro', a medrai ymddangos yn berson sarrug a garw, ond i'r rhai a oedd yn ei nabod ac

Dosbarthwyr Nene, *1984*
Ieu yng nghanol y rhes a'i dad yr agosaf ato ar y dde.
Ei fam yw'r un ar y chwith eithaf yn y rhes flaen.

Timau Rhos a Wrecsam yn sefyll er cof am Ieu Rhos cyn y gêm

yn ei ddeall, roedd yn berson teyrngar, preifat ac yn un a fyddai'n fwy na pharod i fynd yr ail filltir. Ni chwenychai fod yn geffyl blaen ac ni welech chi o byth yn traethu'n gyhoeddus ar lwyfan ond byddai i'w weld bob amser ar gyrion cyfarfodydd neu'n sefyll yng nghefn neuaddau yn gyson ei gefnogaeth. Cefnogodd streic y glowyr 1984, ac yn ddiweddar roedd yn gydwybodol ar bwyllgor helpu ffoaduriaid ac yn un o sefydlwyr canolfan Gymraeg y Saith Seren yn Wrecsam. Ef oedd ysgrifennydd, cyfieithydd ac ymchwilydd Cymdeithas Treftadaeth Glowyr Gogledd Cymru. Ni phallodd ei ymdrechion dros Gymru a'r Gymraeg ar hyd y blynyddoedd.

Yn yr Amlosgfa canodd y gynulleidfa niferus 'I'r Gad' gydag arddeliad, a'r geiriau'n crynhoi bywyd a chyfraniad Ieu i'r dim – 'syrffedai ar fân siarad', 'heriodd bob awdurdod', 'wynebodd gosb a thrais', a gwrthododd 'yr hawddfyd clyd i gerdded y daith'.

Ieu, uffen

IOAN ROBERTS

Dwi ddim yn siŵr ymhle y gwelais i Ieu gyntaf; hwyrach mai yn rhyw achos llys Cymdeithas yr Iaith, fi yno fel gohebydd ac yntau fel protestiwr neu ddiffynnydd. Ond ar ôl i fy ngwraig a finnau symud i fyw i Ben-y-cae yn 1974 y deuthum i'w nabod yn dda. I ni newydd-ddyfodiaid, roedd Pen-y-cae a Rhos fwy neu lai yr un lle, efo dim ond mymryn o nant yn eu gwahanu. Ond nid felly roedd hi i'r brodorion. Wrth gyflwyno fy hun dros glawdd yr ardd i gymydog o'r enw Noel, dywedais fy mod wedi clywed llawer o sôn am y Rhos ac yn edrych ymlaen at ddod i adnabod yr ardal a'i phobl. 'Nid yn Rhos ydan ni,' gweryrodd Noel, gan ychwanegu, 'Alla i ddim diodde pobol Rhos'. 'Pam hynny?' gofynnais. 'Plwyfol ydyn nhw, uffen.'

Dwi ddim yn meddwl fod Ieu yn blwyfol, ond yn sicr mi oedd o'n frogarwr. Roedd yn ymfalchïo yn y pethau oedd yn gwneud Rhos yn wahanol i weddill Cymru, gan gynnwys yr iaith. Dw i'n siŵr y byddai'n dyheu am eira bob gaeaf, er mwyn gallu dweud wrth bobl fel fi ei bod hi'n 'odi'. Ond mi allaf ei glywed yn fy ngheryddu rŵan, ar ôl darllen y paragraff cyntaf, gan daeru na fuasai neb o'r Rhos, beth bynnag am Ben-y-cae, wedi gorffen brawddeg efo'r gair 'uffen'. Mi aeth yn flin, yn fwy blin hyd yn oed nag arfer, ar ôl imi sgwennu stori i'r *Cymro* am ymgyrch i wella derbyniad teledu Cymraeg yn yr ardal lle'r oedd pob erial yn pwyntio tua'r dwyrain. Nid y stori oedd wedi tramgwyddo, ond y pennawd, 'Beth am dipyn o Gymraeg ar y bocs 'na, uffen?' Myth yn cael ei ledaenu gan bobl genfigennus o'r tu allan oedd 'Rhos uffen', meddai. Ond mi ddaliaf i daeru imi glywed y gair ganwaith ganddo fo'i hun, ac ar un achlysur cofiadwy, gan ei dad.

Wedi galw heibio'r tŷ yr oedd Alwena a finnau, i fynd â Ieu allan am beint i rywle. Roedd y ddau ohonyn nhw'n eistedd o boptu'r tân, ac wrth inni adael dyma Ieu yn troi at ei dad gan gyfarth – 'Paid â gadael i'r tân fynd allan'. 'Wnâi ddim, uffen', meddai ei dad, 'Na'i gloi'r drws nadu fo fynd!' Roedd cyfarfod Twm Stiniog, fel y byddai'r pentre'n ei alw, yn ei gwneud hi'n haws deall o ble y tarddodd Ieu. O dan yr hiwmor garw roedd calon feddal. Welais i ddim llawer ar ei fam, ond yr argraff sy'n aros yw bod Mrs Roberts yn dipyn llai ymosodol na dynion y tŷ.

Mae gen i gof am un noson a ddatblygodd yn barti anfwriadol yn ein tŷ ni. Am ryw reswm dyma bawb yn dechrau geiriau byrfyfyr ar dôn 'Hen feic peni-ffardding fy Nhaid' – 'Hen fŷs dybl decar Ieu Rhos/ Cawn deithio ar hwnnw drwy'r nos...' Lled wenu dan ei fwstas a wnâi Ieu, wrth feddwl am ryw enllib i'w luchio atom ar ddiwedd y gân. Roedd yn beth go anarferol yr adeg honno gweld dyn â gradd yn ennill bywoliaeth drwy ddreifio bysys. Mae'n siŵr bod rhai ohonom yn meddwl mai cyfnod byr yn ei fywyd oedd hyn, swydd dros dro cyn iddo ymbarchuso wrth heneiddio. Gwneud cam mawr â Ieu oedd hynny. Gyda'i gariad at werin ei ardal a'i gasineb at unrhyw barchusrwydd a rhagrith, roedd yn fwy cartrefol wrth lyw dybl decar nag a fuasai tu ôl i ddesg.

Doedd o byth yn mynd o'i ffordd i ddangos y dyfnder gwybodaeth oedd yn deillio o'i ddarllen helaeth a'r darlithoedd ar hanes Cymru a gawsai gan John Bwlchllan yng ngharchar Abertawe. Ond mae gen i gof amdano unwaith yn rhoi dadansoddiad manwl o strategaeth Owain Glyndŵr yn un o'i frwydrau a cheisio esbonio pam i'r Cymry ennill neu golli y tro hwnnw. Roeddwn i wedi hen golli pen llinyn ac yn trio peidio dangos. Ond doedd dim twyllo ar Ieu. 'Dwyt ti'n gwrando dim yn nag wyt!' meddai.

Dim ond am gwta dair blynedd y buon ni'n byw ym Mhen-y-cae, cyn codi pac i weithio yng Nghaerdydd. Wrth inni adael mi roddodd Ieu goblet pren i ni, roedd wedi ei wneud ei hun, fel rhyw fath o werthfawrogiad o'n cyfeillgarwch. Roedd o'n giamstar ar naddu coed, a hyd yn oed yn medru gwneud llwyau caru.

Anaml y bydden ni'n ei weld wedi hynny, yn y Steddfod fel arfer, ond parhaodd y cyfeillgarwch. Fe'i gwelsom un haf yn Ballyferriter, Swydd Kerry, sydd fel ail gartref i'n teulu ni. Roedd Ieu a'i ffrindiau yn gwersylla wrth ein hymyl mewn maes pebyll answyddogol ar lan y môr. Mi ddywedodd un noson y bydden nhw'n gadael yn blygeiniol drannoeth i fynd i Fleadh Cheoil mewn rhan arall o'r wlad. Ac yn wir, cawsom ein deffro gan sŵn codi pegiau a phacio canfas. Ond yn hwyr y noson wedyn y peth olaf a glywsom oedd sŵn agor bŵt a churo pegiau. Roedd croeso'r bobl leol wedi ei gwneud hi'n amhosib gadael. Bron bob tro y byddwn i'n gweld Ieu wedi hynny byddai'n gofyn 'Sut mae Bali Ffurat erbyn hyn?'

Roeddwn i'n un o'r criw oedd yn paratoi i sefydlu papur bro *Nene* yn ystod fy nghyfnod ym Mhen-y-cae, ond wedi gadael yr ardal cyn i'r rhifyn cyntaf ymddangos. Ond para'n ffyddlon i'r papur wnaeth Ieu. Yn 1995 roeddwn i'n cynhyrchu cyfres deledu lle'r oedd Lyn Ebenezer yn crwydro'r Alban. Roedd Ieu wedi clywed ein bod ni'n chwilio am siaradwyr Cymraeg yn y wlad honno. Cysylltodd i ddweud fod brodor o'r Rhos yn byw yn Fife ac yn derbyn *Nene* trwy'r post. Rhoddodd ei gyfeiriad inni, a chytunodd hwnnw i gael ei ffilmio. Yn gyn-löwr, roedd wedi dod allan yn fyw o danchwa mewn pwll ger Kircaldy. Flynyddoedd ynghynt roedd ei dad wedi goroesi trychineb Gresffordd. Roedd yn gaffaeliad mawr i'r rhaglen. Gallech ddibynnu ar wybodaeth oedd yn cael ei gynnig gan Ieu Rhos. Mi fydd y Steddfod yn lle gwag iawn hebddo eleni, uffen.

Llais Ieu Rhos

Y COF A'R CYFRYNGAU YNG NGHYMRU

Fel rhan o brosiect Y Cof a'r Cyfryngau yng Nghymru, aeth Lois Thomas i Rosllannerchrugog yn 2011 i recordio atgofion Ieu Rhos ar nifer o bynciau. Dyma'r ymateb i'w chwestiynau – wedi eu sgwennu cyn agosed ag sydd bosib i'r hyn ddywedai Ieu yn ei ffordd o siarad:

Atgofion cynharaf o deledu

Beth ydi'ch atgofion cynharaf chi o deledu?

Be dwi'n cofio 'di peidio cael un. O'n i tua saith neu wyth oed dwi'n meddwl a plant ysgol yn sôn be' oedd ar y teledu neithiwr ac oedd 'na ryw ddau neu dri ohonom ni'n dal ddim efo teledu. Gathon ni un o rywle; dim ond un sianel oedd adeg hynny. Dwi'n siŵr [mai] *Listen with Mother*, nage *Watch with Mother*, cofio gweld hwnne... o'n i'n rhy hen yn gwylio hwnne... dwi'm yn siŵr.

O'dd teledu ddim yn rhan mawr o fywyd rhywun 'deud

y gwir. Os oedd 'na rywun diarth yn dod i'r tŷ neu gymydog yn dod i alw yr hyn oeddet ti'n 'neud oedd troi'r teledu i ffwrdd i gael sgwrs, ond rŵan mae'r teledu'n cymryd drosodd tydi. Dwi'n swnio'n hen rŵan.

Sut mae'ch patrymau gwylio chi wedi newid ar hyd y blynyddoedd?

Wel, un peth amlwg oedd fod pob peth yn gorffen tua hanner awr wedi deg y nos 'doedd, ac os nad oedd na rywbeth arni o'n i eisio weld faswn i ddim yn troi hi mlaen. Mae 'di mynd rŵan, ddim chwilio am raglen i wylio ond chwilio am un sydd ddim rhy ddrwg fel bydda'i yn gallu'i wylio. Mae jest fel rhyw bapur wal yn y gornel, fel oedd rhywun yn deud, 'de.

Oes gynnoch chi brofiad o sbio ar deledu fel rhan o griw neu mewn lle cyhoeddus?

Oes – be, gêm teledu (rygbi) neu bêl-droed?

Rwbath. Unrhyw beth dach chi 'di'i weld efo bobl eraill, felly.

Ym. Doedd o ddim yn beth… o'n i'n trio cofio'r diwrnod o'r blaen pryd 'nath teledu ddechra mynd i dafarn. Pan o'n i'n mynd i Gaerdydd i weld gêm, os o'n i ddim yn cael tocyn, dwi'n cofio sefyll o flaen siop deledu yn sbio ar ddeg sgrin a'r boi tu mewn yn troi y gêm i ffwrdd jest i'n gwylltio ni. Wedyn 'aru ni ddechrau talu clwb Swalec; oedd 'na ddau neu dri o lefydd oeddet ti'n gallu talu i'w weld o ar sgrin fawr. Ond mynd i dafarn i'w weld o? Dwi ddim yn siŵr os oedd tafarnau'n cau neu jest ddim teledu yno, ond dwi ddim yn gwybod pryd o'dd hi'n arferiad i fynd i dafarn i weld rhywbeth fel'ne.

Rygbi

Lle oeddech chi'n sbio ar y gemau yn y saithdegau?

Wel, os o'n i'n gellu, yn y cae yng Nghaerdydd neu Gaeredin. Mae'n rhaid mod i'n mynd yn hen; o'n i'n gwrando ar rywun oedd wedi talu saith deg pum punt i gael tocyn i fynd i Gaeredin. O'n i'n talu... wel os o'n i yn trio, oeddat ti'n rhoi punt i'r boi ar y giât ac oeddet ti'n cael mynd i mewn heb docyn o gwbl. Ond fel rheol os o'n i'n mynd i Gaerdydd fyswn i'n trio'n galed i gael tocyn, neu fel arall, fel o'n i'n deud o'r blaen, ffenest Redifusion ne' beth bynnag oedd o. Wedyn wnaethon ni ffeindio allan os oeddet ti'n mynd i'r *residents lounge* yn y Park oedd 'ne deledu'n fan'ne, cael 'i weld o'n fan'ne; wedyn Top Rank, o't ti'n talu i fynd i weld o'n fan'ne. Os oeddet ti'n mynd i dafarn yn y nos oedd na ddim sôn am ail-ddangos y gêm na dim byd. Wrth gwrs, am flynyddoedd oedd o'n Saesneg, 'doedd.

Dwi'n cofio byth lle 'aru ni weld gêm y Barbariaid efo Gareth Edwards yn sgorio'r trei 'ne; oedd gynnon ni gyfarfod Senedd Cymdeithas yr Iaith. Oedden ni'n mynd i ddechre gweld y gêm a dyma Elfed Lewys yn deud, 'Aaa, Prydeinwyr 'di rheina, da chi ddim yn cael gweld rheina, dowch o'ne', a welson ni ddim o'r trei, dwi'm yn meddwl, ar yr adeg.

Oes 'na gêm yn aros yn y cof yn arbennig?

O oes, gêm yn yr Alban a John Taylor yn sgorio funud dweutha, be o'dd hi, un deg naw, un deg wyth. Dwi'n cofio gweld honne ar teledu wedyn erbyn meddwl. O'n i'n mynd i fyny i bar y myfyrwyr yn ben Caeredin yn fan'ne a ffeindio rhyw stafell deledu a gweld y gêm yn cael ei hailddangos yn fan'ne, tua un ar ddeg y nos neu rywbeth felly. O'dd hynny'n beth reit anghyffredin. Ond am y lleill, mae'n anodd deud pryd oedd hi, teledu a cymaint o bethau mewn tafarn. Doedd hen dafarn go iawn ddim isio teledu, nag oedd. Dach chi'n sbio rŵan heb ddiddordeb yn beth sydd arno, ma' rhywun yn troi'i ben. Na, ma' isio gneud ffwrdd â fo.

Sut oedd ei weld o ar y teledu yn cymharu efo bod yn y gêm go iawn?

Wel, handi iawn; ond dod adre dydd Sul a darllen papur i weld pwy o'dd wedi sgorio, pwy o'dd wedi ennill weithia'. O'dd rhywun yn gwbod be o'dd wedi digwydd yn well falle, ond yr awyrgylch wrth gwrs ddim yn bodoli. Yn ddiweddarach, pan o'n i'n mynd i'w weld o mewn tafarn, yr hyn sy'n sefyll allan fan'ne ydi pan ddaru Gibbs sgorio'r trei 'ne [i guro Lloegr] a'r lle'n mynd yn wallgo wedi hynny. Yn enwedig yn y saithdegau pan o'dd Lloegr yn dod i Gaerdydd a ni'n rhoi cweir iddyn nhw. Dod yn ôl mewn dwy flynedd yn dweud fod nhw'n mynd i ennill; rhoi cweir iddyn nhw. O'dd o jest yn mynd yn boring braidd. [Cael] y dyddie yne'n ôl fasa'n neis iawn.

Refferendwm a darlledu Cymraeg yn ardal Wrecsam

Canlyniad y refferendwm, ma' hwnne'n un dwi'n gofio. Ie, naw deg saith. Cofio gweld hwnne.

Aros ar eich traed i'w weld o?

Do, o'n ddim wedi cymryd llawer [o sylw] o'r cynulliad. Ofn be 'sa ni di ga'l tasa ni'n deud 'Na' fel yn saith deg naw. Cofio chydig o hynny, ond dwi'm yn cofio gweld canlyniad hwnne ar y teledu, chwaith.

Ie, dach chi'n cofio rwbeth o'r dadleuon oedd 'na yn saith deg naw ar y teledu?

O'dd y dadleuon yn debyg iawn i rŵan – y de'n cael bob peth, 'slippery slope', yr un hen ddadleuon oedd yn dod allan bob tro, yr un hen gelwydde, anodd i bobol goelio yn saith deg naw. Ar wahân i rai oedd yn mynd i Gaerdydd i weld rygbi a phêl-droed doedd 'na ddim lot o gysylltiad. O'n i'n mynd i'r de a pobol yn deud 'ma'r gogledd 'na'n gneud i bawb siarad Cymraeg' a'r gogledd yn deud 'ma'r de yn ca'l bob peth'. Ma'n nhw'n dal i ddeud hynny rŵan.

'Dach chi'n meddwl fod be' ma' pobol yn weld ar y teledu yn help iddyn nhw benderfynu sut i bleidleisio mewn achos felna?

Ydi ma'n siŵr, ond y broblem ydi – ffor' hyn yn arbennig, ond trw' Gymru – dydi llawer o bobl ddim yn gwylio'r cyfryngau Cymraeg, a fan hyn o'n ni ddim yn ga'l o tan jest cyn steddfod Wrecsam yn saith deg saith. Granada ma' pobl yn dal i fod ffor' hyn, teledu gogledd Lloegr ma' nhw'n wylio, wedyn chydig iawn o newyddion lleol sydd arno.

'Di hynny wedi bod, dio'n broblem o hyd, diffyg signal ar gyfer teledu Cymraeg yma?

Ydi, mi fuodd 'na ymgyrch am flynyddoedd, Hubert Griffiths o Poncie. Fuodd o wrthi am flynyddoedd a mi gawsom ni fast yn ymyl Brymbo; saith deg saith o'dd hynny, adeg steddfod Wrecsam, ond dwy sianel o'dd ar hwnne – BBC 1 Cymru a – be o'dd o, Harlech, adeg hynny. Wedyn os o'dd rhwbeth ar BBC 2 Cymru, fel gêm rygbi neu rwbeth, oeddan ni ddim yn ga'l o fan hyn. A o'dd y signal mor wan, ychydig iawn, o'dd raid i ti fod yn benderfynol i roi erial arbennig i fyny i wylio fo. Pan ddaeth S4C o'dd na ddadl os o'n nhw mynd i beidio rhoi S4C arno, jest gadal y ddwy sianel arall. A rŵan, ma' 'na gymaint o broblema – efo lloeren 'di o ddim cweit mor ddrwg, 'swn ni ddim yn meddwl, ond ma 'na lawer o hen bobl [heb deledu lloeren]. Ond efo Freeview ti'n iawn 'dwyt. Ond dwi ddim yn siŵr be di'r sefyllfa ar hyn o bryd. Mae na lawer mwy o bobol yn 'i ga'l o er mwyn rygbi a pêl-droed – rywun sy' isio gweld Wrecsam yn chware pêl-droed!

Lansiad S4C

Wnaethoch chi wylio noson y lansiad ei hun?

Dwi'm yn cofio. Na, dwi'm yn meddwl fod ni wedi'i ga'l o. Os dwi'n cofio'n iawn, a pwy sy'n gwbod, o'n nhw'n newid y mast 'na o'dd ond yn ca'l BBC 1 Cymru a HTV, ac o'dd na ddadl p'run ai o'dd o'n mynd i ga'l 'i newid i S4C. Dwi'n meddwl fod o rhyw dri mis wedyn cyn i ni ga'l S4C yn yr ardal yma, ar wahân i bobol o'dd yn troi erials am Langollen ag ati. O'dd yr erial [mast] mor wan, os o'dd na goeden o flaen tŷ, neu tŷ arall, o'dd pobol ddim yn ca'l signal de, oeddan nhw ddim isio amharu ar signals Granada. Na, o'dd Rhos, wel ardal Wrecsam am wn i, siŵr o fod ryw dri mis [ar ei hôl hi]. O'ddan ni'n gwylio teledu y noson honno ond ddim yn gwylio S4C.

Wnaeth dyfodiad S4C effeithio ar eich patrymau gwylio chi?

Do, yn y cychwyn; o'dd Mam a Nhad yn fyw adeg hynny beth bynnag ac o'dd S4C ymlaen bob nos. Dyna sut o'dd hi'n mynd adeg hynny; newyddion a Pobol y Cwm a beth bynnag o'dd ymlaen. Ac mi o'dd 'na raglenni da dyddia' hynny!

'Dach chi'n meddwl fod y Sianel wedi effeithio ar ein hymdeimlad ni o fod yn Gymry?

O, do, yn bendant: y bobol sy'n gwylio, beth bynnag. Pobol efo plant; ma'n siŵr o fod wedi effeithio arnyn nhw, de, ond o'n i'n rhy hen pan ddoth o allan i weld Cyw a phetha' felna. Rhywun yn dweud am Pobol y Cwm erstalwm, pobol ddim yn ei ddallt o. Does 'na neb yn cwyno rŵan, ma' hyd yn oed pobol Waunfawr yn ei ddallt o!

Streic y glowyr

Oes gynnoch chi atgofion o weld hwnnw ar y teledu?

O, oes. Wel, oeddan ni'n trio helpu rhywfaint, wedyn o'ddan nhw'n dangos bob nos faint o'dd yn mynd yn ôl [i weithio], yn ôl y Bwrdd Glo ac ati, ac wedyn, lle oedd o, Alton? [credu mai Orgreave oedd gan Ieu dan sylw.] Y teledu'n dangos y glowyr yn ymosod ar yr heddlu, wedyn cyfaddef fod nhw wedi dangos y ffilm tu chwith ac mai'r heddlu o'dd wedi ymosod ar y glowyr, a 'di hynny'n dal ddim 'di ca'l digon o sylw. Do'dd na ddim helynt rownd ffor' hyn o gwbwl, ond o'dd na gamerâu o gwmpas. Yn pwll Glanrafon i lawr y ffordd 'ma oeddan nhw allan am flwyddyn gyfan ond, wel, colli nathon nhw'n y diwedd; wedyn a'th rhei ohonyn nhw i weithio yn y Parlwr Du a rhei i Stoke ond ma rheiny wedi cau rŵan.

Be oedd eich barn chi am y ffordd oedd y glowyr yn cael eu portreadu ar y teledu?

O, unllygeidiog ofnadwy o'dd y cyfryngau i gyd, cefnogol i'r llywodraeth a'r Bwrdd Glo. Picet line hollol heddychlon, dim helynt, straeon amdanynt yn chwarae pêl-droed efo'i gilydd [yr heddlu a'r glowyr] wedyn y camerâu neu'r wasg yn troi i fyny ac yn dangos peth hollol wahanol, de. O'dd y cyfrynge yn creu'r stori i radda helaeth, yn enwedig y teledu.

Ga'th y streic effaith ar y gymdeithas yn fan hyn?

Do, ddim cymint â'r de achos o'dd ne ddim cymint yn gweithio yn y pylle adeg hynny; wel, ar yr adeg, o'dd na hollti, y rhan fwyaf o bobol yn gefnogol i'r glowyr dwi'n meddwl. A'th 'na rai yn ôl a ma na'n dal rai rŵan neith ddim siarad efo'i gilydd ar ôl pum mlynedd ar hugain. Ma' na bobol yn Bethesda neith ddim siarad efo'i gilydd gan mlynedd ar ôl y Streic Fawr yn fanno, wel neith eu teuluoedd nhw ddim siarad, dim y bobol o'dd yne. Na, ga'th o effaith ond ddim cymaint. O'dd na rhyw dri chant yn gweithio yn Glanrafon, a'th 'na rai i'r Parlwr Du.

   Ond 'di Rhos 'rioed wedi bod fel y de lle roedd pentre cyfan yn dibynnu ar y gwaith glo – mi o'dd 'na waith arall hefyd. Y peth ydi, dim ond un pwll o'dd yma, o'dd pobol yn dod o wahanol lefydd i weithio yno beth bynnag 'de.

Sut oeddech chi'n gweld y streic? Fel un Gymreig neu un Brydeinig?

Y ddau. O'dd hi'n bwysig ofnadwy i Gymru, yn enwedig i dde Cymru ac yn bwysig i'r gweithiwr cyffredin trwy Brydain. Mi gymrodd Thatcher y cyfle wedyn i ladd pob undeb a phob undebwr, a 'dan ni'n dal i ddioddef hynny rŵan.

Gallwch wrando ar lais Ieu yn ateb y cwestiynau hyn ar y safle we ganlynol : cofarcyfryngau.co.uk/Ieuan Roberts

Wythnos yma Eilir Jones yn Rhosllannerchrugog

(I'W WELD AR YOUTUBE)

(Ffilmiwyd y rhaglen hon ym 1995. Nid yw ansawdd y rhaglen ar Youtube yn dda iawn.)

Yn y rhaglen cawn weld Eilir Jones yn mynd ar fws sy'n cael ei yrru gan Ieu Rhos. Ychydig ymlaen yn y rhaglen mae Ieu yn siarad am ei bentref wrth iddo yrru'r bws drwy Rhos:

Maen nhw'n deud os fedrith rhywun yrru trwy Rhos mi allan nhw yrru yn rhywle, de. Mae pobol Rhos yn teimlo mai nhw oedd yne cyn y car, wedyn nhw bia'r ffordd.

Hen bobl a phlant ydi'r rhan fwyaf sy'n mynd ar y bỳs; pobl sy'n mynd i'r ysgol, pobl sy'n mynd allan gyda'r nos, pobl sydd ddim isio gyrru ar ôl cael peint. Mae na ddigon o fysys, felly mae'n haws dal bỳs i fynd i'r dre i siopa na mynd mewn car a trio cael lle i barcio.

Nid lle ond pobol 'di Rhos, mae'n debyg. Y Jacos oedd pobol Wrecsam a'r cylch yn galw pobol Rhos. Mae rhai yn trio dweud fod o'n dod o Jacobites ond dwi'm yn siŵr iawn 'di hynny'n wir ai peidio. Ddau gan mlynedd yn ôl doedd na fawr ddim byd yna o gwbwl, mae o'n bentref reit ddiweddar.

152

Diwydiant sydd wedi codi Rhos, pylle a gwaith brics. Pobol 'di dod i mewn o bobman – Bala, Harlech, Caernarfon, rhai 'di dod draw o Loegr, yr Alban. Erbyn rŵan mae nhw'n Gymry Cymraeg, de, enwe dieithr – Cymry Cymraeg ydyn nhw i gyd.

Be 'di rhywun o Rhos? Mae nhw'n falch o Rhos. Dim bod ni'n meddwl bod ni'n well na pawb arall – dan ni'n gwbod!

MICI PLWM

Y tro cyntaf i mi ddod ar draws Ieu Rhos oedd pan oeddwn i yn cynnal noson gyda'r disgo (Disgo Teithiol Mici Plwm) yng ngholeg Abertawe. Roeddwn yn casáu unrhyw helynt a hen gwffas yn ystod noson felly a byddwn yn cadw morthwyl ar silff o dan y deciau er mwyn amddiffyn fy hun.

Yn ystod y noson dyma ryw foi efo gwallt blêr yn dod ataf ar y llwyfan gan weiddi rhywbeth. Ofnwn mai rhyw 'lowt' wedi gêtcrashio'r noson oedd o ond Ieu Rhos oedd o, wedi dod ar y llwyfan i ofyn i mi chwarae rhyw record.

Yn ystod yr achos Cynllwynio yn erbyn aelodau Cymdeithas yr Iaith yn Abertawe ym 1971 cefais fy ngharcharu am sarhau'r llys. Yr oeddwn wedi gwrthod sefyll ar orchymyn yn Saesneg wrth i'r Barnwr ddod i'r llys ac fe gefais fy ngyrru i garchar tan ddiwedd yr achos. Ar yr un pryd, yr oedd Ieu Rhos yn y carchar am beidio talu dirwy a chefais ei gwmni yn ystod y cyfnod hwnnw.

Pan ryddhawyd ni, cafodd y cwbl ohonom bapur oedd yn caniatáu i ni gael mynd adref ar y trên. Pan aethom i'r orsaf drenau, rhaid oedd dangos y papur er mwyn cael tocyn teithio ar y trên am ddim. Pan ofynnwyd i Ieu beth oedd ar y papur atebodd:

'I've got a pass as well – we've been doing undercover work for the police!'

(Doedd Ieu ddim yn mynd adref gan ei fod heb orffen ei arholiadau ond roedd yn ffordd o gael tocyn trên am ddim at ryw adeg arall.)

Ar ôl dod i'w adnabod, byddwn yn ei weld mewn protestiadau a chyfarfodydd Cymdeithas yr Iaith gan y byddai'n dangos ei gefnogaeth ym mhob un ohonynt. Welais i neb erioed mor ffyddlon i'r Gymdeithas. A dweud y gwir pan fyddwn yn cynnal noson gyda'r disgo yn nhwll din y byd, fyddai'n ddim syndod gweld Ieu yn troi i fyny yno a byddwn yn aml yn ei holi sut roedd wedi dod yno.

Cofiaf un tro fod yn teithio ar hyd yr A5. Y peth nesaf a sylwais oedd y bws yma yn nhin y car, y goleuadau yn fflachio a'r corn yn canu. Tynnais i'r ochr, stopio'r car a mynd allan er mwyn ymddiheuro, rhag ofn fy mod wedi gwneud rhywbeth o'i le. Ond Ieu Rhos oedd o – wedi nabod fy nghar! Dwi'n siŵr y byddai wedi gwneud yn iawn ar gwrs rasio Oulton Park petai ond yn cael rasio bws!

Os byddai yna griw mewn tafarn a gweiddi a ffraeo yn mynd ymlaen yn un rhan, gallech fentro mai Ieu Rhos oedd yno yn trafod a diawlio yn ei ffordd unigryw ei hun. Byddai'n dweud ei farn yn hollol blaen. Ond byddai pawb yn ei adnabod ac yn aml iawn, fe glywech y cyfarchiad 'Ieu Rhos myn uffern i!'

Ei wên a'i lawenydd

MEGAN TUDUR

Haul, hwyl, chwerthin – a dadlau! Dyna Ieu Rhos i fi.

Bydde fe'n glanio i ganol cwmni, rhoi ei fraich amdana i... 'Megan Tudur-Wraig Gwilym!!' Wedyn procio, dannod, hel atgofion, siarad lot o lol a lot o ddoethineb... cytuno i anghytuno...

Ffrindie? Oeddem glei...

Fu dim ffrind fel Ieu Rhos erioed. Troedle cadarn bob Steddfod a gŵyl. Ei wên fawr a'i lawenydd yn hwb i wynebu'r flwyddyn a ddeuai. Dim ond ei weld o bell yn ddigon i godi calon. Oriau o sgwrsio difyr.

Cymro, boi o'r Rhos, ffrind annwyl a ffyddlon, di-flewyn-ar-dafod.

Godamia! Ni ddaw 'leni i'm hambygio yn Ynys Môn.

Fy hoff lun: Ieu, fi a pheint yng Ngŵyl Fawr Dolgellau.

Ieu, Megan Tudur a pheint yng Ngŵyl Fawr Dolgellau

Atgofion gan eraill am Ieu

(*Mae nifer ohonynt fel y gwnaethant ymddangos yn y cyfryngau cymdeithasol*)

Elfed a Heather Roberts, Blaenau Ffestiniog – Yr oeddem wedi mynd i'r Ŵyl Werin yn Nolgellau ond heb babell i aros nos yno. Dyma ni'n siarad efo Ieu Rhos, a dywedodd fod ganddo fo un ac y caem hi ac y byddai yntau'n cysgu yn ei gar. Wnaeth o ddim meddwl ddwywaith cyn cynnig y babell i ni.

Elen Hydref – Pan oeddwn yn blentyn, roeddwn i'n ei alw yn Yncl Ieir achos fy mod yn meddwl mai dyna oedd ei enw. Dwi'n cofio un tro iddo ddod i'r tŷ yn cario bocs efo deg eliffant. Roedd o'n gwybod fy mod yn hoffi eliffantod ac wedi bod o gwmpas seli cist ceir yn eu prynu. Gan nad oedd wedi fy ngweld ar yr adegau iawn bob tro dyma fo'n dweud fod yr eliffantod ar gyfer pum pen-blwydd a phum Dolig!

Aled Lewis Evans – Byddaf yn methu Ieuan yn fawr iawn.

Llinos Ann Cleary – Newyddion trist! Cymro balch o'i wlad a'i wreiddiau. xx

Philip Phillips – Newydd glywed am Ieu drwy siarad efo Alan heno. Hen gyfaill o Ysgol Rhiwabon. Dim blewyn ar ei dafod. Dipyn o gymeriad oedd Ieu ac fe gawn ei golled yn y Rhos a thu hwnt. Trist iawn.

Avril Smith – Newyddion trist iawn. Gorwedd mewn hedd, Ieu.

Nia Marshall Lloyd – Llawer o atgofion o Ieu, dyn unigryw llawn cymeriad a fydd yn golled mawr yn yr ardal. Cysga'n dawel, Ieu Rhos.

Aled Powell – Colled fawr i'r gymuned. Cyfrannodd gymaint a gwnaeth gymaint o argraff ar bobol fel y byddwn yn dal i'w gofio a sôn amdano ymhell tu hwnt i'w golli.

Mabon ap Gwynfor – Fydd Rhos byth 'run fath hebddo. Colled fawr i'w gymuned ac i'r mudiad cenedlaethol. Diolch iddo am ei gyfraniad dros y degawdau. Rhwng y tynnu coes sych, roedd yna berlau o wybodaeth. Cwsg mewn hedd, Ieu.

Carrie Harper – Newyddion trist, cysga'n dawel Ieu.

Siôn Rhys Wynne – Ddrwg iawn clywed am Ieu. Dyn unigryw.

Katie Siobhan Courtney – Cwsg yn dawel, Ieu. Diolch am helpu i mi setlo yn Wrecsam.

Eleri Phillips – Bydd colled mawr yn bob ardal.

Stuart Lloyd – Trist iawn.

Gareth V. Thomas – Yn drist o glywed y newyddion am Ieuan.

Joe Cooley – nosweithia Bwlchgwyn... dominos yn y Sun... cyfarfodydd hawlio S4C yn Boncwen... hel arwyddion Saesneg... nosweithia'r Miners... Churchills... ffraeo, chwerthin, meddwi... cardia post sarhaus o Doolin... Ieu wastad yn gefn... bron iddo fod yn gowboi... run fath wythnos nôl yn steddfod... methu credu'r peth uffen.

Pol Wong – Trist iawn o golli Ieu Rhos. Colled fawr i Rhos, Wrecsam a'r tu hwnt.

Alwyn Humphreys –

Hwn a roes ei oriau'n rhad – i werin
    Ei oror o gariad.
  Gwerinwr a gŵr y gad
  A miri o gymeriad.

Teimlo'n hollol ddi-gysur... colled aruthrol i'w holl ffrindiau!

Stuart Chaffer – A man of character, integrity and of the community. Hwyl fawr, Ieu xx

Adam Balchder – Newydd glywed – cysga mewn hedd, Ieu.

Sam La Roche – So sorry to hear this Carey, thoughts are with you. X

Guto Davies – Coffa da am sosialydd a gwladgarwr, colled fawr ar ei ôl.

Stan T Man – I'm very sorry to hear of Ieuan's death. I spent many hours in the past, in Rhos, with Ieuan, discussing every subject under the sun, and more recently on the Facebook Groups. He was always very helpful, friendly and knowledgeable. He was a great character, who will be missed by the people of Rhos.

Atgofion

DYLAN IORWERTH

Y tro cynta' imi ddod ar draws Ieu, wnes i ddim o'i weld o. Na'r tro ola' chwaith.

Tua 1973-4 y daeth y tro cynta' a finnau yn Aberystwyth ar gyfer cyfarfod o gorff newydd oedd yn cael ei sefydlu ar y pryd dan adain Cymdeithas yr Iaith, Undeb Disgyblion Cymru. Roedd disgybl ysgol o Abertawe yno hefyd, Aled Eirug, a'r ddau ohonon ni wedi cael y fraint fawr o gysgu yn fflat ysgrifenyddion y Gymdeithas, yn eu habsenoldeb nhw. Ieuan Wyn Roberts oedd un o'r ddau.

Dw i wedi byw mewn fflatiau blêr ac wedi achosi lot o flerwch, ond welais i erioed ddim byd tebyg i fan'no. Ar ôl ein cyrch defodol i dynnu cwpwl o arwyddion Saesneg, alla' i ddim cofio sut y cafodd y ddau ddisgybl ddigon o le clir i roi pen i lawr i gysgu. Roedd hi braidd fel y stori honno am fomwyr yr Almaen yn troi'n ôl o Lerpwl ac yn ystyried gollwng bomiau sbâr ar Rosllannerchrugog ond, wrth edrych i lawr, yn meddwl bod fan'no wedi ei chael hi eisoes.

Dw i ddim yn siŵr bryd hynny a o'n i'n gwybod mai dyna'r Rhos ar ôl enw Ieu ond roedd y ddau air yn gyfarwydd, fel Ffred a Dafydd a Wynfford... un o'r enwau hynny oedd yn cael eu taflu i mewn i sgyrsiau cenedlaetholgar, ifanc, fel cerrig i bwll o ddŵr. Ond, yn fuan, i fi, fel i lawer o bobl, mi ddaeth Ieu a Rhos yn gyfystyr, a'r lle a'r llanc yn rhannu llawer o nodweddion. Pan es i weithio i Wrecsam yn las-ohebydd digon coch, Ieu oedd y porth i'r ardal. Rhyw fath o yrrwr bws diwylliannol.

Ar yr olwg gynta', roedd Ieu a Rhos yn ddigon sarrug. Roedd rhaid i bawb brofi'u hunain cyn cael eu derbyn. Nid 'croeso cynnes iti' ond 'be ddiawl wyt ti eisio uffen?' Ar ôl cael eich derbyn, roedd pethau'n newid ychydig. Nid 'croeso cynnes iti', ond 'be ddiawl wyt ti eisio eto?' Arwydd o gael eich derbyn go iawn oedd peidio â chael unrhyw sylw.

Fyddai neb yn Rhosllannerchrugog, wrth gwrs, yn nabod Ieu Rhos. Enw cenedlaethol oedd hwnnw. Yn hierarchaeth lle a gwreiddiau, mi fyddai'n fwy tebyg o gael ei alw yn fab i Twm Stiniog, y cyn-bortar rheilffordd oedd yn gwneud i Ieu ymddangos mor siriol â Sali Mali. Dim ond yn y tŷ yn Stryt y Neuadd y gwelais i Twm erioed, yn Gerberws bach yn y gornel. Os oeddech chi'n dal eich tir trwy'r chwyrniadau a'r brathiadau cynta', roeddech chi'n ennill eich lle.

Flynyddoedd wedyn, a finnau'n trio helpu un o ymchwilwyr y BBC i ddod o hyd i gysylltiadau yn Rhos, mi awgrymais i enw Ieu. Hithau, yn y dyddiau pan oedd ymchwilwyr yn gweld golau dydd ac yn gadael eu swyddfeydd, wedi galw heibio i'r tŷ a chnocio ar y drws ffrynt. Twm Stiniog yn ateb ar ôl grwgnach a rhygnu hirfaith. 'Drws cefn ydan ni'n ei iwsio' a chau'r drws ffrynt yn glep.

'Stiniog' oedd un o lysenwau llai dramatig Rhosllan-nerchrugog a Ieu oedd fy nghyflwyniad i'r rheiny. Ei hoff un o, dw i'n credu, oedd Hwn-a-hwn Cachu Syr, yn gofnod oesol o'r adeg pan oedd Hwn-a-hwn yn fachgen ac wedi gorfod croesi'r clawdd i ateb galwad natur. Y ffarmwr yn dod heibio a gofyn be oedd o'n ei wneud.

Roedd fy hoff un i'n crisialu Ieu a'i bentre' – teulu adnabyddus o Gymry selog yn dwyn yr enw 'Butter and Eggs'. Cosb oedd hynny am fod mor ymhonnus â rhoi arwydd Cymraeg ar eu siop i hysbysu pawb eu bod yn gwerthu menyn a wyau.

Roedd yr un diawledigrwydd annwyl yn perthyn i Ieu. Mi fedrech chi ddibynnu arno i dynnu'n groes. Roedd hynny'n destun anrhydedd. Fel y bws hwnnw a drefnodd ffrind i ni i noson yn Nyffryn Clwyd a Ieu, y gyrrwr bws Crosville, ar ôl ychydig o'r petrol poeth, yn penderfynu gwneud safiad. Roedd defnyddio cwmni preifat yn torri gafael yr undebau ac roedd o am wrthod talu. Hyd yn oed pan ddaeth bygythiad i'w ollwng ar ochr y ffordd yn Bwlchgwyn, filltiroedd o'r Rhos. Mi drodd y safiad yn gerddediad. Hir.

Yn ystod Eisteddfod Wrecsam 1977 y dechreuais i ddod i adnabod Ieu yn iawn. Fyntau'n dod i gwrdd â thri ohonon ni oedd yn gweithio ar godi'r mân bebyll o amgylch y Maes. Yn nhywyllwch rhyw noson, a Ieu wrth lyw ei Forris Meinor mi fuodd bron iddo fo ein rifyrsio ni i bwll carthion dros dro. Roedden ni wedi malu llawer ohono fo dros y blynyddoedd, ond mi fyddai marw ynddo fo'n siom.

A malu fuon ni sawl tro wedyn ar ôl i fi ddod i Wrecsam i weithio. Malu mewn cyfarfodydd, tros beint ac yn y nosweithiau Cymraeg diddorol hynny yng Nghlwb Jolly's Caergwrle, lle'r oedd merched noethion yn diddanu ar ambell noson arall. Ac ar daith Guinnes-aidd, 1916-aidd i Ddulyn. Does gen i ddim co' o sgyrsiau gwleidyddol dwys; i

Ieu, roedd cenedlaetholdeb, ymgyrchu tros yr iaith a syniadau sosialaidd yn bethau i'w cymryd yn ganiataol.

A Rhos hefyd. Wnaeth o erioed wneud sioe o'r ffaith ei fod wedi mynnu mynd yn ôl adre' i fyw a gweithio. A wnaeth o erioed sioe o'i waith i gefnogi popeth Cymraeg. Nac o fod yn ffrind. Y tu ôl i'r gwgu a'r coethi, mi ddaeth llawer ohonon ni i ddeall ei deyrngarwch dwfn. Yn debyg i Rhos unwaith eto.

Y tro ola' i fi beidio â'i weld o oedd yn Eisteddfod y Fenni 2016. Fel rheol, roedd yr eisteddfod yn gyfle am sgwrs dda a pheint; eleni rhyw gip brysiog oedd hi. Ond mi ddaeth Ieu ar draws Elaine, fy ngwraig, a Luned ein merch. Elaine, yn gwrtais fel erioed, yn cyflwyno'r ddau...

'Dyma Ieu Rhos, ffrind i dy dad.'

'Dio ddim yn ffrind i fi.'

Y CERRIG MILLTIR

Ganwyd – 16 Ionawr, 1950 yn Rhosllannerchrugog

Ysgol gynnar – Ysgol Babanod y Rhos,
Ysgol y Bechgyn (ysgol gynradd) Rhos

Ysgol uwchradd – Ysgol Ramadeg Rhiwabon

Coleg Prifysgol Abertawe – 1968-71, gradd Hanes
(Hanes Cymru)

Carchar Abertawe – Mai-Mehefin 1971

Ysgrifennydd Cymdeithas yr Iaith Gymraeg –
rhwng 1971 ac 1973

1973 ymlaen – condyctyr bỳs ac yn ddiweddarach,
dreifar bỳs tan 2014

Cynorthwyo i sefydlu'r papur bro *Nene* yn 1978

Cynorthwyo i sefydlu Clwb Rygbi Rhosllannerchrugog
yn 1983

Bu farw – 15 Awst, 2016